빛나는 에듀케이션

부모·자녀를 위한 작은 상담 이야기

빛나는 에듀케이션

김복미 지음

박영 story

추천사

반짝이는 눈을 한참이고 마주보며 활짝 웃던 아이들이 어느 날부터 눈을 피하고 고개를 숙입니다. 아이들이 자랄수록, 고학년이 될수록, 상급 학교로 진학할수록 아이들과 눈 맞추고 이야기하기가 어려워집니다. 대화 자체를 기피하거나 거부하는 사례도 적지 않아서 아이도 부모도 한숨이 깊어집니다. 갑자기 눈을 피하고 대화를 멈춘 아이들, 우리는 어쩌다 이렇게 된 것일까요?

몇 해 전 MC를 맡고 있던 TV 프로그램에서 만난 이 책의 저자 김복미 박사님의 조언을 통해 그 이유를 가늠할 수 있었습니다. 당시 십여 분 정도였던 방송에서 김복미 박사가 제안한 핵심적인 해결 방법은 우리 아이들을 오래 보고 자세히 보아야 한다는 것이었습니다. 어른들의 무지와 욕심으로 세상과 소통하는 즐거움을 뒤로 한 채 공부하는 기계로 경쟁에 내몰린 불행한 우리 아이들을 위해 인내심을 가지고 '끝까지' '보고' '듣고' '자리를 지켜주어야' 한다는 것입니다.

제가 경험한 이 좋은 이야기와 깨달음을 더 많은 사람들과 나누고 싶었습니다. 그런 이유로 김복미 박사의 <빛나는 에듀케이션>이 '김성관의 라디오쇼'의 코너로 만들어졌습니다. 김복미 박사님과 함께 라디오 프로그램을 진행하면서 자녀와 부모 사이의 여러 사연에 함께 고민하고 함께 마음 아파하고 함께 따뜻해졌던 시간들이 새록새록 떠오릅니다.

세상 모든 부모는 아이가 진정 행복하기를 원합니다. 여러분들도 같은 마음이시겠지요. 그리고 아이의 행복을 위해 어떻게 해야 하는지 그 해법을 찾고 있겠지요. 이 책 속에 길이 있습니다. 아이들을 향한 김복미 박사님의 속 깊은 고민과 따뜻한 이야기가 아이들과 부모의 행복을 든든하게 지켜줄 것입니다.

김성관('CJB 김성관의 라디오쇼' DJ)

INTRO

　이 책은 2016년부터 약 1년여 동안 'CJB 김성관의 라디오쇼'의 <빛나는 에듀케이션>이라는 프로그램에 패널로 참여하면서 방송했던 내용을 정리한 것입니다. 매주 부모, 자녀의 질문을 받고 질문에 답하는 형식으로 라디오 방송을 했더니 어느덧 원고가 쌓여서 책으로 출판을 할 수 있게 되었습니다.

　처음 라디오 방송을 시작할 때 가장 염두에 두었던 것은 교육과 상담을 쉽게 이해할 수 있도록 이야기를 풀어나가고자 했던 것입니다. 정해진 짧은 시간 안에 질문했던 사람이 쉽게 이해하면서 일상에서 사용할 수 있는 상담 기법 등을 알려주고 싶었습니다. 그러다 보니, 조금은 어렵고 복잡한 이론들을 단순화한 오류도 있었고, 좀 더 쉽게 알려드릴 수 있었던 내용들을 제대로 전달하지 못해 아쉽기도 했습니다. 또 어떤 때는 라디오 방송이라는 것의 특성상 시간 안에 질문에 대한 답변을 해야 했기 때문에 논리적으로 답변을 하지 못했던 적도 있었습니다. 그럼에도 꾸준히 질문을 보내준 청취자들에게 깊은 감사를 느낍니다.

또 하나 라디오 방송을 하면서 바랐던 것은 상담이라는 것에 대한 부정적이고 협소한 이미지를 바꾸고 싶었습니다. 상담은 문제 있는 아이만 가는 곳, 또는 상담을 받는 것은 아주 어렵고 힘든 일이라는 인식을 바꾸고 싶었습니다. 그래서 질문에 답하면서 비슷한 경우의 상담 사례들을 소개를 하는 일도 종종 있었습니다.

이러한 노력을 알아준 일이 있었습니다. 한 초등학교 6학년 아이가 부모와 함께 차에서 라디오를 듣다가 상담사라는 직업에 관심을 갖게 된 것입니다. 이 학생은 몇몇 학생들과 함께 저에게 연락을 해서 상담사라는 직업에 대해 면담을 하겠다고 했습니다. 저는 기꺼이 학생들을 만났고 학생들에게 상담이라는 것에 대해 최대한 알려주려고 했습니다. 어떤 학생은 자기도 상담을 하고 싶기도 하고 받고 싶기도 하다고 해서 내심 기뻤습니다.

이 책은 크게 세 부분으로 구성했습니다. 첫 번째 부분은 청취자들의 질문과 저의 답변으로 이루어졌습니다. 두 번째 부분은 저의 답변에 대한 이론적 근거를 제시했습니다. 답변을 하면서 미처 자세히 설명하지 못했던 부분들, 너무 단순하게 설명해서 조금은 답답하게 느껴졌던 부분들에 대해 지면으로나마 좀 더 설명을 했습니다. 마지막 부분은 청취자의 소감을 담았습니다.

원고가 완성되기까지 많은 분들의 도움이 있었습니다. 라디오 방송 초보자를 1년 동안 잘 이끌어준 김성관 DJ와 작가님들께 감사합니다. 이 책의 출판을 선뜻 응해주신 박영스토리 사장님과 책의 출판을 위해 지방을 오가는 수고를 아끼지 않았던 김한유 대리님, 책이 아름답게 나올 수 있도록 배려해 주신 편집부 직원들에게도 고마운 마음을 전합니다.

김복미 드림

CONTENTS

PART 02 상담 이론으로 더 알아가는 말

PART 03 라디오를 듣고 공감하는 말

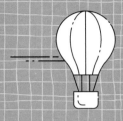

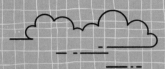

/ 빛나는 에듀케이션 /

부모·자녀를 위한 작은 상담 이야기

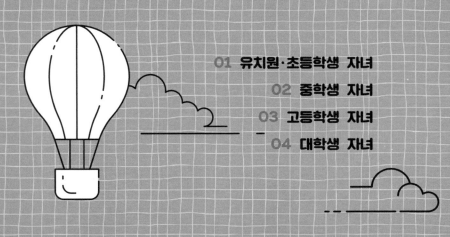

하나,

묻는 말과
답하는 말

01

유치원 · 초등학교

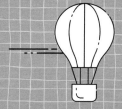

저는 두 아이를 키우고 있습니다. 첫째 아이는 초등학교 2학년이고, 둘째 아이는 6살입니다. 첫째 아이는 학습지 선생님께서 도와줘서 한글을 배웠습니다. 덧셈과 뺄셈도 그렇고요. 둘째는 제가 가르친 적도 없고, 학습지 선생님께 배운 적도 없는데 혼자서 한글을 다 익혔어요. 동화책도 혼자 읽습니다. 수 개념도 알고, 덧셈과 뺄셈도 첫째보다 잘하고 있습니다. 얼마 전에는 한자까지 읽는 모습을 봤습니다. 둘째가 영재가 아닐까라는 생각이 듭니다. 영재인지 아닌지 알 수 있는 방법이 있을까요?

둘째가 부모나 교사의 도움 없이 한글, 수, 한자를 알고 있다니 똑똑한 아이 같습니다. 둘째라는 출생 순위 특성상, 첫째의 도움을 받을 수 있습니다. 첫째가 자기가 배운 것을 동생에게 가르쳤을 수도 있고 첫째가 배울 때 옆에서 배웠을 수도 있습니다. 아들러Adler는 출생 순위에 따라 성격이 다를 수 있다고 합니다. 그는 둘째의 성격 특성이 경쟁적이고, 첫째와의 대립구도에서 더 많은 것을 쟁취하려고 하는 특성이 있다고 합니다. 아무래도 둘째가 어렸을 때 더 많은 성취를 보이는 것은 이러한 특성이 아닐까 싶습니다. 그래서 둘째들이 더 똑똑하다거나 지능이 높다는 것이 아니라 '둘째들이 더 경쟁적이다.'라는 의미로 받아들이는 게 적절합니다. 어릴 때는 첫째보다 체격이 작다보니 부모에게 더 사랑을 받고 관심을 받기 위해 체격 외에 공부 면에서 더 잘하려고 할 수 있습니다.

반면에 첫째는 부모의 기대를 많이 받기 때문에 성취 동기가 높습니다. 둘째를 돌봐야 한다는 생각도 가지고 있어서 리더십이나 책임감도 가지고 있습니다. 둘째를 돌보는 과정에서 동생에게 많은 약점을 보이며 살기도 합니다.

　이 아이를 영재로 보아야 할지, 아니면 부모에게 더 사랑을 받으려고 노력하는 둘째의 성격 특성으로 보아야 할지 판단하기는 어렵습니다. 영재다 아니다 한마디로 결정하기 어렵다는 것입니다. 이 아이가 영재인지 아닌지를 판별하기 위해서는 어머니의 꾸준한 관찰과 전문가의 소견이 필요합니다. 언어, 수의 학습 과정이 어떤지를 알아보는 것이 필요한데, 첫째가 가르쳐 준 것인지를 확인하는 것도 필요합니다. 또한 아동용 지능검사를 받는 것도 필요합니다. 아동상담 전문가에게 검사를 받고, 검사 결과에 대한 해석을 받으셔야 합니다. 검사 결과 영재일 가능성이 있다고 하면, 그 결과를 바탕으로 아이의 그 다음 양육과 교육에 대한 계획을 세우는 것이 좋습니다.

얼마 전에 둘째를 출산했습니다. 둘째 기저귀 갈아주고, 우유 먹이고 목욕을 시키고 나면 많이 힘듭니다. 그래서 예전처럼 첫째에게 동화책을 읽어주거나 놀이터에 데려가는 시간을 낼 수가 없습니다. 첫째는 스트레스를 받아서인지 자꾸 동생 발을 꼬집고, 머리카락을 잡아당기는 등 동생을 괴롭히는 행동을 합니다. 그럴 때마다 제가 야단을 치게 됩니다. 엄마에 대한 애정을 이전보다 못 받는 첫째의 마음을 이해는 합니다만, 어떻게 해주어야 하는지는 모르겠습니다.

많은 어머니들이 둘째를 키우면서 겪는 일입니다. 에릭 번Eric Berne은 인간에게는 스트로크stroke가 필요하다고 합니다. 스트로크는 자극, 관심, 인정, 칭찬 등을 의미합니다. 아이들은 부모의 관심을 받기 위해서, 때로는 부정적인 스트로크라도 받고 싶어서 부모가 원하지 않는 행동을 할 수 있습니다. 이 어머니는 많이 힘든 상황입니다. 그러다보니 첫째가 조용히 있으면 거의 관심을 가지지 않을 겁니다. 첫째는 어떻게든 엄마의 관심을 받아야 하는데, 아기보다 더 관심을 받기는 쉽지 않기 때문에 비록 부정적인 스트로크인 꾸지람이라도 받으려고 동생을 괴롭히는 행동을 계속하게 되는 것입니다.

첫째는 엄마의 관심, 스트로크를 받기 위해 부정적 행동을 반복하게 됩니다. 부정적 행동은 부정적 스트로크를 받을 수밖에 없습니다. 이 부정적 스트로크를 지속적으로 받게 되면 부정적인 자아상을 가지게 됩니다. 그러므로 부정적 스트로크를 받는 것은 아이의 건강한 성격

형성에 좋지 않습니다. 그럼에도 첫째 아이가 부정적인 스트로크라도 받으려고 하는 이유는 그것이 무관심보다 훨씬 좋기 때문입니다.

이것과 관련된 동물연구가 있습니다. 아무것도 없는 상자 2개에 각각 생쥐를 넣어두고 아무런 반응도 주지 않은 집단과 하루에 몇 번씩 전기 충격을 준 집단으로 나누어 둘을 비교하였습니다. 어느 집단의 생쥐들이 더 건강했을까요? 전기 충격을 받은 집단은 고통스러운 충격을 받았음에도 불구하고 아무런 자극 없이 남겨진 집단보다 더 건강한 것으로 밝혀졌습니다. 그만큼 스트로크가 긍정적이든 부정적이든 없는 것보다는 있는 편이 낫다는 것을 알 수 있는 실험입니다.

스트로크 실험: 무자극 vs. 전기충격, 어느 쪽이 건강할까요?

아무런 자극을 주지 않은 상자

전기충격을 준 상자

마음의 저금 통장 '스트로크'

우리는 살면서 스트로크를 주고 받는 것이 필요합니다. 그것이 긍정적이든 부정적이든 말입니다. 이 스트로크는 돈을 예금하기도 하고 인출하기도 하는 '마음의 통장'이라고 할 수 있습니다. 그래서 스트로크를 받으면 마음에 저축을 했다가 필요할 때 꺼내 쓸 수도 있습니다. 그런데 저축된 스트로크만 계속 사용한다면 아무래도 통장은 바닥이 나겠지요? 이러한 현상을 '스트로크 기아 상태자극기아'라고 합니다. 그래서 스트로크가 완전히 고갈되면 스트로크 박탈감을 느끼게 되어 부정적 스트로크라도 받기를 원하게 됩니다. 질문하신 분의 첫째 아이 역시 부정적 스트로크라도 받아서 스트로크 기아상태가 되지 않으려고 하는 것입니다. 특히, 어린 시절에는 이를 본능적으로 파악한다고 합니다. 필요로 하거나 원하는 긍정적 스트로크를 경험하지 못하게 될 때는 부정적 스트로크를 얻기 위해서 몰두하는 것입니다.

이 아이는 지금 둘째를 괴롭히는 일에 많이 몰두하고 있을 것으로 보입니다. 그래야 엄마의 관심을 조금이나마 받을 수 있으니 말입니다. 부정적 스트로크가 고통스럽고 힘들지라도 스트로크를 박탈당한 채 남겨지는 것보다는 낫기 때문에 부정적 스트로크를 얻길 원합니다. 이러한 어린 시절의 경험이 고착화되면 성인이 되어서도 어린 시절의 유형을 재현하며 부정적 스트로크를 추구하게 될 수 있습니다.

그럼 어떻게 해야 할까요? 어머니가 첫째 아이에게 많은 칭찬을 해주셔서 긍정적 스트로크를 마음의 통장에 쌓도록 해야 합니다. 동생을 괴롭히는 행동에 대해서는 무관심하게 대처하시고, 동생을 잘 보살피고 혼자서 밥을 잘 먹거나 하는 행동을 하면 적극적으로 칭찬을 해주는 것이 필요합니다. 아버지와 함께 첫째 아이의 긍정적인 행동에 대해 칭찬해 주면 더 좋습니다.

제 아이는 말을 늦게 배웠습니다. 3살 때까지 단어도 말하지 못했습니다. 병원에서 언어치료를 하는 것이 좋겠다고 해서 3년 동안 언어치료를 받고 있습니다. 제가 워킹맘이다 보니 아이랑 놀아줄 시간이 별로 없습니다. 그래서 아이가 말을 못하나 싶어 죄책감이 컸습니다. 지금은 꾸준히 언어치료를 한 덕에 아이가 어느 정도 말은 하고 있습니다만, 발음이 좋지는 않습니다.

제가 질문을 한 이유는요. 언어치료 선생님의 말씀에 저와 아이가 상처를 받습니다. 예를 들어, '아이의 지능이 낮은 것 같아요.' 등의 말을 합니다. 저도 걱정이 되어서 병원에 가서 의사 선생님께 물어보고, 유치원 선생님, 원장님께도 물어보았습니다. 다들 지능 쪽의 문제는 아닌 것 같다고 하십니다. 언어치료 선생님이 아이를 저능아 취급하시니까 제 기분이 좋지 않습니다. 이제는 아이에게 화도 자주 내십니다. 언어치료를 계속 받아야 하는지 고민이 됩니다.

A 오랫 동안 언어치료를 받았다고 해도 지능에는 문제가 없는 경우가 있습니다. 제 상담실에 왔던 학생 A의 경우 7살까지 단어도 제대로 말하지 못했어요. 주변 사람들은 언어치료가 필요하다고 하면서, 이 아이의 지능이 낮지 않을까 의심하기도 했습니다. 그런데 이 아이는 일상생활에서 지능이 낮은 아이가 보이는 전형적인 모습을 보이지는 않았습니다. 예를 들어, 지능이 낮은 아이는 7세가 되어도 대소변을 혼자서 해결하지 못 하거나, 그림 퍼즐 조각을 맞추는 데 어려워 하는데, 이 아이는 그렇지 않았던 것입니다. 말을 잘 하지 못하는 것이 지능의 문제가 아니었던 거죠.

지능의 문제가 아닌데 말을 잘 못하는 이유는 다양합니다. 7세까지 제대로 말을 하지 못했던 아이는 주 양육자가 할머니였는데, 굉장히 빠르게 말하는 습관을 갖고 있었습니다. 아이가 주 양육자인 할머니와 가장 많은 시간을 함께하기 때문에 할머니와 대화를 하면서 말을 익혀야 하는데, 할머니처럼 빨리 말하려고 하다 보니 발음이 이상해지고, 문장으로 말하기는커녕 단어 하나조차 분명하게 말하지 못했던 겁니다. 이 아이에게 천천히 말하는 훈련만 했을 뿐인데, 얼마 지나지 않아 제대로 말하게 되었습니다. 지능과 무관하게 언어 표현 방식과 관련된 문제였던 겁니다. 질문하신 어머니의 아이도 비슷한 문제일 수 있습니다. 주 양육자가 어머니가 아니었기 때문에 7살의 A와 비슷한 상황이었을 가능성을 무시할 수 없습니다. 주 양육자의 언어 습관, 문장 구성이나 발음, 말의 속도를 살펴보는 것이 필요해 보입니다.

　　질문하신 어머니는 언어치료 선생님, 언어치료 센터에 대한 불만이 있는 것 같습니다. 언어치료를 그만두고 싶어 하시는데요. 그럼 먼저 언어치료를 그만두어도 아이의 언어 발달이 괜찮을 것 같은지를 고민해야 합니다. 어머니가 아이에게 책을 읽어주거나 단어 사용 연습을 시킬 수 있다면 언어치료를 그만 두어도 괜찮을 것 같습니다. 그런데 어머니가 직장생활을 하면서 그 부분까지 신경을 많이 쓰기는 어려울 것 같습니다. 그리고 어머니의 말씀에 의하면 언어치료의 효과가 아예 없는 것도 아니었습니다. 다만, 현재의 언어치료 선생님이 아이에 대해 섬세하게 대처하지 못하고 있는 것 같습니다. 치료를 받고 있는 아이와 엄마가 상처를 받았다고 하니까요. 그렇다면 굳이 하나의 언어치료 센터만 고집할 필요는 없다고 봅니다. 다른 언어치료 센터를 알아보셔서 언어치료를 계속 받는 것이 좋다고 생각합니다.

Q 04 죽는 것이 무섭다고 잠을 못 자요 초등학교 2학년

제 아이는 초등학교 2학년입니다. 한 달 전쯤에 아이가 죽음이 무섭다는 생각에 밤에 울 때가 있다고 말한 적이 있었습니다. 저는 대수롭지 않게 여기고 넘어갔습니다. 그런데 며칠 전에 아이의 증조할머니가 돌아가셔서 장례를 치르게 되었습니다. 장례를 치르고 난 후, 아이가 자기 전에 커서 회사도 안 가고 싶고, 군대도 안 가고 싶다고 합니다. 제가 왜 그러는지를 물어보았습니다. 아이는 '엄마랑 헤어지니까, 특히 군대 갔을 때 엄마 아빠 죽으면 장례식장도 못 가잖아.'라고 걱정하면서 잠을 못 잤습니다. 제가 아이에게 어떻게 설명을 해 주어야 하는지, 아이가 이런 생각을 갖게 된 이유가 궁금합니다.

초등학교에 다니는 학생이 죽음에 대해서 이야기하면 '아직 어린 아이인데 벌써 그런 생각을 하다니' 하면서 놀라는 부모들이 많이 있습니다. 유치원생도 죽음에 대해 궁금해하고 생각을 하는 아이들이 꽤 있습니다. 그러니 초등학교 2학년 아이가 죽음에 대해서 생각을 하는 것이 빠르거나 이상한 것은 아닙니다.

죽음에 대해 아이가 질문을 하고 걱정을 하면 부모로서 어떤 말을 하는 것이 좋을까요? 질문을 듣고 놀라서 '엄마랑 아빠랑 안 죽을 거야' '우리 아들도 안 죽을 거야'라는 식의 말은 조심하는 것이 좋습니다. 초등학교 2학년이면 인간, 살아 있는 존재들이 언젠가는 죽는다는 것은 알고 있습니다. 그런데 그냥 '안 죽어'라고만 하면 부모의 말을 믿기 어렵게 될 것입니다. 너무나도 당연한 사실을 자꾸 아니라고 하면 부모 말에 대한 신뢰가 무너지기 쉽습니다. 또한 부모가 종교가 없는 경우 '죽으면 천당 간다.'라고 하는 말에 대해서도 주의하는 게 좋습니다. '좋은 일 많이 하면 천당 가'라고 하면 아이가 부모님 말도 잘 듣고, 질문도 해결되고 좋을 것 같아서 그렇게 하는 부모가 많은 것은 사실입니다. 그런데 '천당은 어떤 곳이야? 실제 살아 움직이는 곳이야? 지금 현실과 똑같아? 어떻게 해야 천당에 가는 거야? 증조할머니도 천당에 간 거야?' 등 천당에 대해 아주 구체적인 질문을 해온다면 부모가 그 질문에 다 답해줄 수가 없고 그렇다고 계속해서 거짓말을 할 수도 없습니다.

그럼 어떤 말을 해줘야 할까요? 죽음에 대해 생각을 하는 아이들은 자신의 존재에 대해 생각을 많이 하고, 의미, 재미 이런 것들에 대해서도 생각을 많이 하는 아이들입니다. 그러니 의미와 재미가 없어지면 자신이 사라지는 것이 아닐까라는 생각을 하기도 하는 것입니다. 아직은 초등학교 2학년이니까 이런 생각을 구체적으로 부모에게 질문하는 것은 아니지만, 이런 생각의 패턴을 가지고 있다고 보면 됩니다. 이 학생들은 자신이 사라지는 것에 대한 두려움이 있는 아이들입니다.

실제로 제가 상담했던 한 학생은 '자신이 살아 있다'는 것을 느끼고 싶고 심장이 뛰는 것을 느끼고 싶어서 7살 때 화장실에서 문을 잠그고 혼자 뛴 적이 있다고 합니다. 이런 아이들이 잠자는 것을 두려워합니다. 자는 순간 내가 사라지는 것이 아닐까 하는 두려움을 가집니다. 이 아이들에게 '죽음에 대해 생각하지 마'라고 한다고 해서 생각이 나지 않을 수 없습니다. 다른 쪽으로 관심을 돌리는 것이 중요합니다. 하루하루의 생활에서 오는 기쁨에 초점을 맞추어야 합니다. 예를 들어 이 아이의 부모라면 "엄마는 너랑 하루하루 즐겁게 사는 게 좋아. 오늘 너랑 맛있는 스파게티도 먹고, 친구들 얘기도 해서 정말 기분이 좋아. 내일은 더 기쁜 일들이 기다리고 있겠지. 그렇게 행복하게 살다가 죽을 거야. 그게 행복인 걸." 이런 식으로 하루하루 아이와의 생활이 행복이라는 것을 알려주는 것이 좋습니다. 아이에게도 '오늘 하루 어떤 것이 좋았니?'와 같이 즐거웠던 활동에 초점을 맞춰서 질문하고 그 일이 내일도 있을 것이라고 기대하게 하면서 이야기를 주고 받는 것이 좋습니다. 그러면 자연스럽게 자신의 생활에서 기쁨을 찾게 되고, 죽음에 대한 생각도 줄어들게 됩니다.

저는 초등학교 2학년인 첫째, 유치원에 다니는 둘째가 있고, 현재는 셋째를 임신하고 있습니다. 첫째는 학교에 적응을 하지 못하고 있습니다. 매일 아침 학교에 가기 싫다고 하는데, 친구들이 자기랑 놀아주지 않는 것이 이유라고 합니다. 제가 임신 중이어서 제 몸도 관리하기 힘든데 첫째가 학교가기 싫다고, 아침마다 실랑이를 하니 많이 힘듭니다. 게다가 얼마 전에는 첫째의 담임 선생님께서 연락을 했습니다. 첫째가 학교에 적응을 잘 못하고 있으니 학교 상담 교사에게 상담을 받으라고 권합니다. 아이가 학교에서 상담을 받아도 되는 것인지 걱정이 됩니다.

아이가 상담을 받아도 되는 것인지에 대해 질문하셨습니다. 조심스럽습니다만, 담임 교사가 상담을 권한 것을 보면 아이의 학교 생활이 어머니의 짐작보다 심각할 수 있습니다. 어머니는 친구관계가 힘들어서 학교에 가기 싫은 정도라고 생각하고 있지만, 친구관계뿐만 아니라 다른 문제도 있을 것 같습니다.

초등학교 2학년 아이의 학교 생활 부적응 문제는 교사와의 문제도 있을 수 있습니다. 담임 교사가 학교에 있는 상담실에서 상담을 받을 것을 권했다면 이 아이가 담임 교사의 말을 듣지 않는다고 볼 수 있습니다. 초등학교 저학년 때 담임 교사와의 문제가 있다면 고학년이 되어서는 더 심각한 문제가 될 수 있습니다. 대개 초등학교 저학년 시기에는 교사의 말을 잘 듣고, 교사의 관심과 애정을 받고 싶어 하는 시기이기 때문에 이 시기에 교사와의 갈등이 있다는 것은 학교 생활을 지속하는 데 어려움이 있다는 것을 시사합니다. 담임 교사가 아이에게 상담을 권한 것은 아이에게 관심이 있다는 표현이니 다행입니다.

질문에 대한 답을 드리자면, 이 학생은 상담을 받는 것이 좋습니다. 상담을 받으면서 학교 생활에 적응하는 것이 필요합니다. 그보다 앞서 가정의 도움이 반드시 필요합니다. 나이가 어릴 수록 상담을 받는 과정에서 부모의 정서적 지지가 필요합니다. 이 어머니는 임신 중이어서 아이에게 정서적 지지를 해 주기 어려울 수 있습니다. 또한, 첫째 아이가 상담을 받기 시작하는 것이 두려울 수 있습니다.

상담실에 오는 부모들이 두려워하는 것이 있습니다. 그것은 '내가 아이를 잘못 키워서 아이가 이렇게 되었나?'하는 염려와 상담사가 그것을 알아서 부모를 추궁하고 야단치는 것에 대한 두려움입니다. 또 부모에게 무엇인가를 하라고 할 것 같아서 두려운 것도 있습니다. 아마도 상담 선생님께서는 어머니보다는 아버지에게 도움을 요청하실 것 같습니다. 현재 어머니는 아이를 혼자 다 양육할 수 없습니다. 오히려 아버지의 역할이 더 필요합니다. 첫째가 아빠의 지속적인 관심과 사랑을 받으며 학교 생활에 적응해 나가도록 상담 선생님이 아버지에게 여러 가지 요청을 할 수 있습니다. 아버지가 첫째에게 적극적으로 정서적 지지를 해 주다 보면 둘 사이가 더 친밀해지겠지요. 아이가 부모에게 정서적 지지를 받으면서, 상담 선생님의 정서적 지지까지 받게 되면 아이의 자존감이 향상되어 학교 생활에도 잘 적응할 수 있을 것입니다.

저는 초등학교 5학년, 2학년 아이를 둔 엄마입니다. 제가 얼마 전부터 어린이집 교사로 일하게 되었습니다. 오랜만에 하는 일이어서 부담스럽기는 했지만 집에만 있으면 안 될 것 같아서 일을 시작했습니다. 제가 일을 시작하고, 5학년인 큰 아이는 학교도 잘 다니고 동생도 잘 돌봐주고 저를 잘 도와줍니다. 그런데 2학년인 막내가 저를 힘들게 합니다. 몇 주 전부터 자꾸 아프다고 하면서 학교를 가지 않으려고 합니다. 어디가 아프냐고 물어보면, 물어볼 때 마다 아픈 곳이 다릅니다. 어떤 때는 머리, 어떤 때는 배, 어떤 때는 종아리 등등 다양합니다. 심지어 학교에서도 매일 아프다고 해서 담임 선생님께서 제게 전화를 해서 아이를 큰 병원에 데려가 보라고 하십니다. 병원에 가면 별 이상이 없다고 그래요. 제가 보기에는 꾀병인 것 같습니다. 어떻게 해야 이 버릇을 없앨 수 있을까요?

어머니의 말처럼 꾀병이 맞기는 합니다. 다만, 제가 생각할 때는 필요한 꾀병이라고 생각됩니다. 아이가 엄마의 관심과 애정이 필요할 때 사용하는 방법 중의 하나라고 보시면 됩니다. 그렇기 때문에 아이가 아프다고 하는 이유, 원인을 먼저 알아야 합니다.

대부분의 부모들은 '필요한 꾀병'이라는 것에 대해 이해하실 것입니다. 자녀가 아프다고 하면 부모가 어떻게 하나요? 그 아이에게 관심을 가지고 지켜보고, 따뜻한 말을 해주고, 먹고 싶은 것을 해 주려고 합니다. 이 아이도 관심이 필요했다고 보시면 됩니다. 얼마 전까지 매일 함께 있던 엄마가 집에 없으면, 이 아이가 누구에게 사랑과 관심을 받을 수 있을까요?

아마도 얼마 전에 이 아이가 정말 아팠던 적이 있었을 것 같습니다. 그때 어머니가 관심을 가져주고, 먹을 것도 챙겨주고 하니까 그 행동이 강화가 되었을 가능성이 있습니다. 당분간은 계속 아프다고 할 것입니다. 어머니는 꾀병인 것을 알면서도 관심과 애정을 줄 필요가 있습니다. 지금 이 아이가 필요로 하는 것이 관심과 애정이니 말입니다.

꾀병이 계속될까봐 걱정이 될 수도 있습니다. 하지만 아이가 아픈 이유가 관심과 애정을 받기 위해서인데 그 관심과 애정을 주지 않을 이유가 없습니다. 아이에게 '아프지 마', '아프다고 말하지 마'라고 할 수도 없습니다. 일단은 아픈 것을 잘 돌봐주면서 아이에게 해줄 수 있는 칭찬을 생각하셔야 합니다. 아이가 어떤 특정 행동을 했을 때, 어머니가 관심과 애정을 지속적으로 보여주면 그 행동에 강화가 될 수 있습니다. 예를 들어, 아이가 아프다면서도 동화책을 읽는다든지, 아니면 동화책을 그냥 손에만 들고 있어도 '아픈데도 책을 열심히 읽다니 정말 대단해'라고 칭찬해 주세요. 또 하라고 하지 않아도 스스로 학교 숙제를 하거나 손을 깨끗이 씻을 때 칭찬을 많이 해주면 좋습니다.

직장에 다니는 부모는 아이와 함께 보내는 시간을 정해 놓는 것이 좋습니다. 아이가 자기 전에는 같이 동화책을 읽는다든지, 저녁을 먹고 30분 정도는 같이 게임을 한다든지 등등 아이와 함께 무엇인가를 같이 하고, 할 것이라는 것을 인지시키는 것이 중요합니다. 아이가 안정감을 느낄 수 있도록 말이지요.

저희 아이는 사춘기가 시작되었는지 부모에게 말하는 게 정이 뚝 떨어질 지경입니다. 주말에는 아빠가 스마트폰 좀 그만하고, 독서를 하라고 했어요. 그랬더니 '아빠는 스마트폰 하면서 저는 왜 못하게 해요? 아빠가 스마트폰 그만하면 저도 그만할게요.'라고 대답했어요. 이것뿐만 아니라 엄마 아빠가 말하는 모든 것에 '왜요?', '제가 왜 해야 하나요?'라고 되묻습니다.

피아제Piaget라는 학자에 의하면 초등학교 3학년 이후부터는 인지발달 단계상 '구체적 조작기'에서 '형식적 조작기'로 넘어가는 시기에 해당됩니다. 이 과정에서부터 추상적 사고, 논리적 사고가 가능해지고, 그러한 사고가 활성화되는 시기이기도 합니다. 그러니 이 시기부터는 부모가 아이를 이전과 다르게 받아들이셔야 합니다. 아이가 여전히 어린 시절의 사고를 가진 것으로 생각하고 대하시면 대화에 어려움을 겪을 수밖에 없습니다. 이제 아이의 사고력이 성인 수준의 논리적 사고를 갖추었다고 보고 대화를 이어가는 것이 좋습니다. 그렇지 않으면 부모와 자녀가 대화하다 다툼을 하는 경우가 종종 있을 겁니다.

　이 말다툼에서 부모가 아이에게 논리력에서 질 때가 있습니다. 그러면 아이는 부모보다 자신이 더 많은 것을 알고 있고, 부모보다 더 많은 힘을 가졌다는 생각을 하게 됩니다. 그렇게 되면 부모가 아이를 지도하는 데 어려움이 많아집니다. 어느 정도 아이의 사고력을 인정을 해주어야 합니다. "그래, 네 말이 맞는 것 같아.", " 참 좋은 생각이야" 등등의 맞장구도 쳐주셔야 합니다. "그런데요?", "왜요?" 등과 같은 말을 많이 할 때는 주의를 줄 필요가 있습니다. 단지 "왜요?"라고만 하는 것은 반항심을 표현하는 것일 때가 많습니다. 그냥 부모 말은 다 듣기 싫고, 반대를 위한 반대를 하기 위해서 쓸 경우가 많습니다. "왜요?"라는 말을 할 때마다 부모나 어른들이 그냥 아무 대꾸도 안 하고 다른 일을 하면 이 아이는 자기가 부모, 어른을 논리적으로 이겼다고 생각합니다. 그러면 다음에 "왜요?"라고만 말을 할 가능성이 더욱 높아집니다. 이건 이 아이의 논리적 사고를 향상시키는 데 방해가 됩니다. "왜요?"라고 물어보면, 부모는 다시 질문을 하는 게 좋습니다. "특히 어떤 부분이 궁금한 거니?"라든지 "좀 더 구체적으로 질문을 해야 엄마가 대답할 수 있을 것 같은데."라고 이야기를 하면서 아이의 사고가 더 많이 드러나도록 하는 것이 좋습니다.

스마트폰으로 인한 갈등을 짚어봅시다. 한 기사에 따르면, 가족 간 대화가 충분하지 못한 이유에 대해, 부모는 자녀들의 스마트폰 사용 때문이라고 응답한 비율이 77%, 자녀들은 부모의 스마트폰 사용 때문이라고 응답한 비율이 44%였습니다. 차이는 있지만 스마트폰 사용으로 인해 가족 간의 대화가 충분하지 못하다는 것을 서로 인정한다는 거겠지요. 무조건 스마트폰을 사용하지 말라고 할 수는 없습니다. 스마트폰을 잘 사용하는 방법을 알려주는 것이 더 중요합니다. 일단 정해진 시간에만 스마트폰을 사용하도록 하는 것이 좋습니다. 이때 부모도 함께 실천하는 것이 필요합니다. 특히 주말에 아이들과 종일 같이 있을 때는 더욱 노력해야 합니다. 부모는 매일 스마트폰을 보면서, 아이에게 "스마트폰 하지 말고 공부해."라고 하면 그 말을 들을 아이는 드물 것 같습니다. 어쩌면 "엄마 아빠는 스마트폰 보고 계시면서 저는 왜 그만해야 하죠?"로 시작되는 논리력 승부가 다시 시작될 수 있습니다.

제 아이는 초등학교 입학하면서 귀신 이야기에 푹 빠졌었습니다. 처음에는 '귀신 이야기를 좋아하나보다'라고 생각했고, 자기 전에 귀신 이야기를 해 달라고 하면 제가 예전에 알고 있었던 얘기를 해 주기도 했습니다. 그런데 요즘은 귀신이 무섭다고 하면서, 집에서 화장실 갈 때 귀신 나오면 어떻게 하냐고 하고, 학교 갈 때 귀신이 나오면 어떻게 하냐고 합니다. 화장실, 학교 모두 부모와 같이 가려고 합니다. 귀신이 무서워서 못하는 외부 활동도 많아요. 저희가 어떻게 지도해야 할지 모르겠어요.

여름이 되면 극장가에서 무서운 귀신 이야기를 다룬 영화가 많이 상영됩니다. 많은 사람들이 귀신 영화를 보기 위해 극장으로 갑니다. 극장뿐만 아니라 케이블 채널에서도 귀신 목격담, 귀신을 잡는 무당 이야기 등 어른들을 위한 귀신 이야기를 보여주는 프로를 방영하고 있습니다. 그만큼 귀신 이야기가 재미있고, 사람들의 흥미를 끈다는 뜻이라고 생각합니다.

초등학교에 입학하면서 아이들이 귀신 이야기에 흥미를 갖기 시작합니다. 친구들끼리 무서운 이야기를 하면서, 서로 자기가 알고 있는 무서운 얘기를 하려고도 합니다. 초등학교 아이들을 위한 '무서운 이야기', '초등학교 괴담'과 같은 책도 있습니다. 이 아이가 귀신 이야기를 좋아한 것은 발달 과정에 나타나는 행동입니다. 그런데 귀신 이야기 때문에 일상 생활을 제대로 할 수 없다면 문제는 심각해집니다.

상담과 정신 치료에서 중요하게 보는 부분은 일상 생활을 하는 데 어려움이 있는지, 없는지가 기준이 됩니다. 이 아이가 화장실을 혼자 못 가고, 등하교도 혼자 못 하는 정도이면 적응상의 어려움이 있는 것으로 봐야합니다. 아마도 혼자서 자는 것은 더욱 못 할 겁니다.

처음에는 귀신 이야기를 좋아했는데, 갑자기 귀신이 무서워진 이유는 무엇일까요? 아이가 귀신이 무섭다고 얘기를 시작한 시기를 점검해 봐야 합니다. 귀신 이야기는 유아용, 초등학생용, 중고등학생용, 성인용이 있습니다. 초등학교 시기의 아이들이 보기에 적합한 귀신 이야기가 있다는 것입니다. 이 아이가 귀신 이야기를 좋아하니까 부모가 초등학생이 듣거나 보기에 적합하지 않은 것을 제공해 주었을 가능성이 있습니다. 예를 들어 영화 '여고괴담'은 15세 이상 관람가인데, 초등학교 3학년인 아이에게 보여주었다면 공포 자극 수준이 갑자기 올라가게 되어서 아이에게는 재미있는 수준을 넘어서 공포가 되는 겁니다.

그렇다면 이 아이에게 무엇을 해 주어야 할까요? 이 아이에게 무조건 용기를 갖고 혼자서 극복하라고 할 수는 없습니다. 시간이 필요합니다. 부모가 적극적인 지도를 해줘야 합니다. 지도 방법은 당분간은 공포 자극을 주면 안 됩니다. 아이에게 귀신 이야기는 금지라고 생각하시면 좋습니다. 부모가 공포 영화를 좋아할 수 있는데, 아이를 위해서 보시면 안 됩니다. 아이가 귀신 이야기를 하면 화제를 돌리시는 것도 좋습니다. 아이가 귀신이 무섭다고 얘기하면, '귀신 무서워 하지마', '귀신 얘기 하지마' 하는 것이 아니라 아이와 다른 활동을 시작하는 것이 좋습니다. '우리 같이 코믹 영화 볼까?', '우리 같이 놀이터 갈래?', '우리 친구네 집에 놀러갈까?'와 같이 당분간 아이와 함께 많은 활동을 해야 할 겁니다.

Q 09 새학기 증후군인 것 같아요 초등학교 3학년

제 아이는 공부도 잘하고 친구 관계도 좋습니다. 학교도 잘 다닙니다. 그런데 3월과 9월에는 학교 다니는 것을 아주 힘들어합니다. 그 시기에 아이의 눈 주위는 빨갛게 충혈되어 있고, 자주 눈을 깜박입니다. 새학기가 시작될 때마다 이러는 것이 심리적으로 불안해서 그런 것 같습니다. 아이는 1~2달 지나면 괜찮아지기는 합니다. 그래도 아이가 새학기 증후군인 것 같으니까 상담을 받게 하고 싶습니다.

A 새학기, 새로운 교사, 새로운 친구에 대한 기대감보다 불안이 높은 아이들이 새학기 증후군을 많이 겪고 있습니다. 어머니의 말씀처럼, 상담을 받으면 학교 생활에 적응하는 데 도움이 될 것입니다. 그런데 다른 것도 생각해 볼 필요가 있다고 생각합니다.

이 아이는 새학기 증후군이기 보다는 가벼운 질병일 수 있습니다. 3월과 9월이면 새 학기니까 새학기 증후군을 의심할 수 있지만, 이때는 계절이 바뀌는 달이기도 합니다. 실제로 알레르기 환자들이 아주 힘들어하는 계절이기도 하고요.

심리를 공부하는 한 어머니의 아이도 초등학교 3학년이었는데, 3월과 9월이 되면 눈을 자주 깜박였다고 합니다. 그 모습이 '틱_{전형적인 새학기 증후군 모습}' 장애처럼 보였던 거죠. 그래서 상담을 받으려고 했습니다만, 아이는 안과에 가고 싶다고 하더랍니다. 이 분은 안과에 가서 치료를 받으면 '플라시보 효과'도 있으니까 더 좋을 수 있겠다고 생각해 아이를 안과에 데려 갔습니다. 그리고 자신 있게 의사 선생님에게 "얘가 새학기 증후군이 맞지요? 신경성 눈 깜박임이지요?"라고 묻자, 의사 선생님이 알레르기성 결막염이라고 하셨답니다. 아이는 알레르기 약을 몇 번 사용하고는 눈 깜박임이 없어졌다고 합니다.

　질문하신 분의 아이도 상담을 받기 전에 안과에 가서 진료를 받고 알레르기성 질병이나 결막염 같은 것은 아닌지 확인하는 것이 필요합니다. 그 후에 실제 새학기 증후군이 의심된다면, 상담을 받는 것이 좋을 것 같습니다. 아이가 학교 생활이 불안할 때, 가족 외에 전문가에게 학교 얘기를 마음껏 하는 것도 불안을 줄이는 데 도움이 됩니다.

　실제 새학기 증후군이라면 어머니가 해야 할 일은 아이의 불안한 감정을 그대로 인정해 주는 겁니다. 그런데 이 불안이라는 감정을 부정적인 것으로 보고 아이에게 '불안해 하지마!', '넌 왜 이렇게 걱정이 많니?' 등의 발언은 아이에게 상처를 주고, 위축되게 만듭니다. 새학기 증후군이 더욱 심하게 되겠지요. 대신 '엄마도 새학기에는 많이 떨렸어', '너의 친구 철수도 어제 불안해서 잠을 못 잤대!' 등의 말을 해주는 것이 좋습니다. 그러면 아이는 자신만 불안을 느끼는 것이 아니라는 생각에 편안함을 가질 수 있습니다.

제 아이는 초등학교 4학년입니다. 말을 과격하게 할 뿐만 아니라 친구들에게 욕설도 자주 합니다. 친구들에게뿐만 아니라 가끔은 학습지 선생님들께도 욕을 하거나 말을 함부로 할 때가 있습니다. 제가 야단을 치는데도 제 말을 잘 듣지 않습니다. 어떤 경우에는 너무 창피합니다. 어떻게 지도해야 할까요?

A 초등학교 시기에 욕설, 은어, 비어 등을 사용하는 아이들은 많이 있습니다. 아이들이 다른 친구들보다 더 많은 욕설과 은어, 비어를 사용하는 이유는 강해 보이고 싶어서입니다. 남녀 비율을 보자면, 남자 아이들이 욕설을 더 많이 하는 편입니다. 아이가 여자 아이인데 욕을 잘 하는 것을 보면, 중성적인 이미지를 가지고 있을 가능성이 큽니다. 초등학교 고학년이 되면 여자 아이들 중에서 중성적인 이미지를 선호하는 아이들이 더러 있습니다. 이 아이들은 여자 아이들 사이에서는 꽤 인기가 있기도 합니다. 하지만 남학생에게는 인기가 없을 수 있습니다.

이 아이를 지도하기 위해서는 부모가 신경을 써야 합니다. 말을 험하게 하고, 욕을 잘 하고, 은어와 비어 사용이 많은 아이는 몇 번의 주의나 야단으로 바로 효과를 보기 어렵습니다. 집에서 부모가 야단을 친다고 해도, 친구들 사이에서는 여전히 욕설, 은어, 비어를 사용할 것이기 때문입니다.

이 아이의 심리를 좀 더 깊이 파악하는 것이 필요합니다. 왜 말을 험하게 할까요? 아이가 욕을 많이 하는 이유가 어떤 분노의 표현일 수도 있습니다. 어른들도 심리상태가 좋지 않다는 것을 표현할 때 욕설을 하거나 문을 꽝 닫거나 하는 행동을 하잖아요. 이 아이에게는 분노, 화와 같은 감정들을 표현할 수 있는 매개체가 필요해 보입니다. 그래서 운동을 추천하고 싶습니다. 운동을 통해 내면에 참고 있는 감정들을 분출하는 것이 필요해 보입니다. 요가나 무용 같은 차분한 운동보다는 좀 더 과격한 태권도, 검도, 킥복싱과 같은 것으로 자신의 감정을 표출하는 것이 좋습니다. 내면의 감정을 해소해야 문제가 해결됩니다.

부모도 아이와의 대화 패턴을 확인할 필요가 있습니다. 아이가 욕설, 은어, 비어를 사용했을 때, 이야기를 더 잘 들었거나 관심을 갖지 않았는지요? 혹시 그랬다면 이 아이에게 부정적인 언어 사용에 대해 부모님이 강화를 해 준 경우라고 할 수 있습니다. 앞으로는 아이가 바르고 고운 말을 사용할 때 더 잘 들어주는 것이 필요하고요. 여기에 잊지 말고 바르고 고운 말을 했을 경우 칭찬으로 긍정적인 강화를 해 주는 것이 좋습니다.

저의 아이는 초등학교 4학년이 되면서부터 성적이 아주 좋아지기 시작했습니다. 4학년 첫 시험에서는 모든 과목에서 만점을 맞았습니다. 저는 정말 기분이 좋았습니다. 아이도 무척 기뻐했습니다. 그런데 아들이 너무 신이 나서 그런지 자신이 모든 과목에서 만점 맞은 것을 자꾸 자랑하고 다닙니다. 특히 친구들에게 자랑을 많이 합니다. 저는 친구들에게 자꾸 자랑을 하는 것은 예의가 아니라고 가르칩니다. 그러면 아이는 '왜 안 되는 거야?' 라고 되묻습니다. 그게 예의라고 가르쳐도 자기는 이해를 못 하겠다고 합니다. 아이가 자기 자랑을 계속하다가 친구들과의 관계에서 어려움을 겪을 것 같아서 걱정입니다.

아이가 심리적으로 건강하게 자라는 데 있어서 부모가 관심, 인정, 칭찬, 격려를 해주는 것은 중요합니다. 로저스Rogers는 이것을 '긍정적 존중'의 욕구라고 했습니다. 번Berne 역시 부모의 관심, 인정, 칭찬, 격려가 아이의 심리적 건강에 중요한 역할을 하고, 특히 언어로 제공해 주는 것이 중요한데, 이것을 '스트로크stroke'라고 했습니다. 그는 스트로크가 심리적 성장의 밑거름이 되고, 사람들은 이 스트로크를 서로 주고받으며 살아간다고 합니다.

우리가 대화를 하는 것도 스트로크를 주고받는다고 생각하시면 됩니다. 일상생활 속에서 아무런 대화가 없다면 많이 외로울 뿐 아니라 심리적으로 건강할 수 없습니다. 긍정적인 스트로크를 주고받는 것은 심리적으로 건강하다는 것을 보여주는 것입니다.

칭찬을 받아들이기

이 아이가 공부를 잘해서 모든 과목에서 만점을 맞았다면 이것에 대해 적극적으로 칭찬을 해주는 것이 맞습니다. 이 어머니는 아이가 좋은 성적을 보인 것을 자랑하지 못하게 해야 한다고 생각했고, 실제로 그렇게 지도도 했는데요. 그것은 좋은 방법이 아니라고 말하고 싶습니다. 대부분의 부모들이 자녀에게 '자랑하지 마라, 자랑하는 것은 예의없는 것이야'라고 가르치고 학교에서도 그런 교육이 계속됩니다. 이렇게 배운 아이들은 후에 반에서 1등을 하거나 상을 받았을 때 다른 사람들이 잘했다고 칭찬하면 그대로 받아들이지 않습니다. '아니에요. 운이 좋았죠. 뭐', '그렇게 잘한 건 아닌데요.'라는 식으로 이야기하고 그게 예의라고 생각합니다. 이것은 스스로에게 자신의 업적과 성과를 낮추는 것입니다. 이러한 일이 계속되면 자존감이 낮아지게 되어 부정적 정서가 많아지게 됩니다.

어머니는 아이가 계속 자랑하는 것이 친구들의 기분을 상하게 해서 친구관계에 문제가 생길까 걱정하는 것이겠지요. 그런 걱정도 이해가 됩니다. 하지만 다른 사람들이 어떻게 보는가 보다도 아이에게 필요한 스트로크를 제공해 주고 긍정적 정서가 많아지게 하여 자존감을 높이는 것이 더 중요합니다. 앞으로 지도하실 때는 아이의 친구들이 '올백 맞아서 좋겠다.' '너 똑똑하다.'라는 말을 해 주면 그 긍정적 스트로크를 그대로 받을 수 있는 대답을 할 수 있도록 해 주세요. 예를 들어, '감사합니다'나 '이번에 열심히 했는데 결과도 좋아서 기분이 좋아요' 같은 말요. 상대방의 긍정적 스트로크는 그대로 받는 것이 좋습니다. 그렇게 지속적으로 하다보면 아이의 '마음의 통장'에 긍정적 정서가 차곡차곡 쌓여갑니다. 긍정적 스트로크가 많을수록 자존감이 높아지고, 자신이 노력한 것에 대해 긍정적인 평가도 할 수 있게 되지요. 긍정적 스트로크는 무척 소중합니다. 만약 다른 사람이 해주지 않는다면 스스로 긍정적 스트로크를 넣어 주어야 할 정도로 말입니다.

지금은 새학기여서 학급 반장을 뽑는 시기입니다. 제 아이는 반장을 하고 싶어 합니다. 제게 반장을 해도 되냐고 묻습니다. 저는 직장에 다니고 있어서, 아이가 반장을 해도 학교 일에 신경 쓸 여력이 없을 것 같아서 절대 반장을 하지말라고 했습니다. 후보에도 나가지 말라고 했고요. 아이는 제 말을 잘 듣고, 후보에 추천이 되었는데, 안 할 거라고 했답니다. 그 말을 제게 하는데 듣고 많이 속상했습니다. 학급 반장을 하고 싶어도 못하는 경우가 많은데, 제가 너무 아이의 마음을 몰라준 것 같아서 미안합니다. 다음에는 반장 선거에 나가게 해야겠지요?

A 이 질문은 어머니의 미안함에 관한 문제 같습니다. 바쁜 워킹맘이어서 자녀가 반장이 되어도 학교 일을 도와줄 수 없는 상황이 현실임에도 어머니는 아이에게 미안함을 느낄 수밖에 없습니다. 이 어머니의 마지막 질문이 아주 중요합니다. '다음에는 반장선거에 나가게 해야겠지요?'입니다. 현재는 워킹맘이어서 안 되는 상황인데, 다음에는 괜찮은 상황인지 확인할 필요가 있습니다. 학급 반장을 하면 어머니가 학급어머니회 회장이 됩니다. 이 어머니가 내년에는 학교 일을 도와주는 것이 가능한지, 무리하게 하려고 하는 것은 아닌지요? 물론 저는 '내년에는 반드시 아이에게 반장 선거를 나가게 해야 한다'라고 답을 드리고 싶습니다.

아이들도 어른을 배려할 줄 압니다

이 아이는 엄마의 얘기를 듣고, 그 요청을 들어 주었습니다. 이 아이는 엄마의 상황을 잘 이해하고 있는 것입니다. 자기가 하고 싶은 것보다 어머니의 마음을 더 배려한 것입니다. 때로는 자녀가 부모를 더 잘 배려할 때가 있습니다. 아직 초등학생인데도 어른을 배려하는 성향을 가진 아이들이 있습니다. 하지만 부모와 교사는 '아이가 어떻게 어른을 배려할 수 있겠어?'라고 생각하는 경우가 많습니다. 그러나 상담실에 오는 학생들의 이야기를 듣다 보면, 어른을 배려하는 아이들이 많습니다. 예를 들어, 부모의 경제 상황이 안 좋은 것 같으면 부모가 '학원 가고 싶니?'라고 물어도, '아니요. 학원가고 싶지 않아요.'라고 대답합니다. 이런 성향을 가진 아이들이 친구들에게 인기가 많습니다. 배려를 통한 리더십을 발휘하기 때문에 학급 반장 선거에 나가면 반장을 할 가능성도 큽니다.

이 아이는 다음 학년에서 학급 반장 선거에 나가야 합니다. 두 가지 측면에서 좋은 이유가 있습니다. 하나의 이유는 이 학생에게 좋습니다. 대학생을 상담할 때, 성격이 급격하게 변하게 된 시기가 있느냐고 질문을 한 적이 있었습니다. 그 대학생은 어릴 때 반장을 하고 싶었는데 엄마가 못하게 했다고 합니다. 그 학생은 자신이 엄마의 말을 듣지 않고 반장을 맡으면, 엄마가 자신을 사랑하지 않을 것 같았다고 합니다. 그 뒤로 사람들 앞에 서는 것에 대해 자신감을 잃어버리게 되었다고 합니다. 하고 싶은 것을 다른 사람의 사정을 배려하느라 참는 것이 반복되는 것은 좋지 않습니다. 이런 경우를 볼 때, 이 아이는 다음 학년에 반장 선거에 나가는 것이 필요합니다.

다른 이유는 어머니에게 좋습니다. 어머니는 지금 자녀에 대해 미안한 감정을 가지고 있습니다. 이 미안함이 쌓이게 되면, 아이가 사춘기를 겪을 때, 무슨 일이 잘못 되었을 때, 어머니는 '그때 반장을 못 하게 해서 저렇게 되었나?'라는 생각을 가지게 됩니다. 다음 학년에 이 학생이 반장을 하게 되면, 이 미안한 감정이 어느 정도 해소될 수 있습니다. 만약에 다음 학년에 반장 선거에 또 못 나가게 하면 어머니의 미안한 감정은 배가 되고, 아이의 성향도 변할 수 있습니다. 이 어머니가 걱정하는 부분, 즉 반장의 어머니이자 학급어머니회 회장으로서의 일을 바빠서 도와주지 못하는 것은 담임 선생님이나 부반장 어머니와 상의해서 해결할 수 있습니다. 그러니 걱정보다는 아이의 요청을 들어주는 것에 더 초점을 두는 것이 좋겠습니다.

제 아이는 제가 조금만 야단을 치거나 큰 소리를 내면 울기부터 합니다. 유치원 다닐 때부터 그랬습니다. 초등학교에 입학하고 고학년이 되면 괜찮아질 것이라고 생각했습니다. 어렸을 때는 아이들이 힘든 것을 우는 것으로 많이 표현을 하니까, 아이도 그런 것이라고 생각했습니다. 그런데 초등학교 고학년이 되어서도 자기가 불리한 일이라든지, 야단을 맞아야 하는 일이면 울기부터 하니까 제가 못된 엄마가 된 기분입니다. 학교에서도 툭하면 우는 것은 아닌지 걱정도 됩니다. 울지 말고 원하는 것을 얘기하라고 해도 울기만 하고 말을 못합니다. 제가 어떻게 해야 할까요?

🅰 초등학교 고학년 아이가 부모가 야단을 치면 울기부터 하는 것에는 심리적인 원인이 있을 것 같습니다. 옛 말에 '우는 아이 떡 하나 더 준다.'라는 말이 있습니다. 우스갯소리처럼 들릴 수 있지만, 이 말은 이론적인 검증을 할 수 있습니다. 번은 스트로크가 중요하다고 했습니다. 이 스트로크는 사람들이 서로 주고받는 것입니다. 스트로크를 주고받는 것이 교류이고, 이 주고받는 스트로크를 분석하는 것을 교류분석이라고 했습니다. 번은 사람들은 서로의 교류의사소통를 통해서 무엇인가를 얻고자 할 때, 겉과 속이 다른 의사소통을 할 수 있다고 합니다. 이것을 '이면교류'라고 합니다.

　　이면교류가 만성적인 패턴으로 드러날 때 번은 그것을 '게임'이라고 했습니다. 이 아이가 오랜 동안 많이 울었다고 했습니다. 아주 어렸을 때는 어땠을지 몰라도 지금은 이 아이의 울음이 가짜 울음일 수 있습니다. 어렸을 때, 아이가 울면 부모가 잘해주고, 부모가 야단치지도 않고, 또 만약 어머니가 야단을 치면 울어서 옆에 아버지가 아이가 야단맞는 것을 막아주곤 했을 겁니다. 이런 이점 때문에 이 의사소통은 지속적으로 진행됩니다. 이 패턴이 오랫동안 지속되었을 가능성이 있습니다. 그러면 이 아이는 '약자 게임'을 하게 됩니다. '희생자 게임', '희생자 코스프레' 한다는 표현도 씁니다.

　이 아이가 희생자 역할을 하면 앞에 있는 어머니가 가해 학생 역할을 하게 됩니다. 그러니 어머니가 '못된 엄마'가 된 것 같은 기분이 들기도 합니다. 아버지가 옆에 있었으면 구원자 역할을 했을 겁니다. 이 의사소통 방식, 게임은 건강한 것이 아닙니다. 이런 방식의 의사소통을 하게 되면 학교에서 어려움을 겪을 수 있습니다. 어머니가 걱정하시는 부분이 이해가 됩니다.

　아이가 건강한 의사소통을 할 수 있게 지도해 주어야 합니다. 건강한 의사소통은 자신이 원하는 것을 요청하고, 자신의 잘못된 부분에 대해 인정하는 것을 의미합니다. 이것은 단기간에 할 수 있는 일은 아닙니다. 오랜 기간 동안 노력을 해야 가능한 일입니다. 이때 어머니의 역할이 중요합니다. 이 아이가 이면교류로서 거짓 울음을 보였다면 그 뒤에 오는 보상이 있었을 겁니다. 보상이 없이는 이 게임을 지속하지 않습니다. 위에 질문에서처럼 울면 야단 치는 것을 그만 두었다든지, 울면 무엇인가를 사주었다든지, 울면 울음소리가 듣기 싫어서 아이가 원하는 대로 해주었다든지 등 모두 이 아이에게 보상이 됩니다. 그럼 어떻게 해야 할까요? 아이가 울어서 말을 하지 못하면, 원하는 것을 종이에 적어보게 하는 것도 하나의 방법입니다. 종이에 자신이 잘못한 것은 무엇인지, 자신이 원하는 것은 무엇인지에 대해 적어보게 합니다. 아이가 적은 것을 보고, '글씨를 못 썼네', '문장이 이상하네'의 말은 삼가고, 내용에 집중하는 것이 좋습니다. 아이가 쓴 내용을 보고 인정과 칭찬의 스트로크를 주면 좋습니다. 그리고 아이가 쓴 문장을 아이에게 읽어 보게 합니다. 그런 다음 '이렇게 말로 하니까 정말 좋다.'라고 적극적으로 칭찬 스트로크를 줍니다. 물론 아이가 쓴 내용에서 아이가 부모에게 요청한 것이 있고, 그것을 부모가 해준다면 더 좋습니다. 그것이 이 아이에게 주는 진정한 긍정의 스트로크가 될 겁니다.

제 아이의 성격은 내성적인 편입니다. 그래서인지 학교에서 있었던 일에 대해 자세히 얘기하지 않습니다. '잘 적응하고 있으니까 그렇겠지.' 하고 생각했습니다. 그런데 며칠 전에 담임 선생님께 전화가 왔습니다. 아이가 다른 친구들에게 맞았다고 합니다. 아이에게 물어보니, 화장실에 혼자 갔는데, 남학생 세 명이 자기를 둘러싸고 돈을 가져오라고 했다고 합니다. 다음 날 돈을 안 가져가서, 위협을 당했고 몇 대 맞았다고 합니다. 그것을 담임 선생님과 다른 선생님들도 알게 되었고, 저에게 연락을 한 것이었습니다. 저는 정말 너무 화가 나서 아이를 괴롭힌 학생을 가만두고 싶지 않았습니다. 그런데 담임 선생님께서 '어차피 학교폭력위원회를 열어도 반성문 정도에서 끝나니까 그냥 넘어가는 것이 어떠세요.'라고 말씀하십니다. 저는 너무 화가 납니다. 아이가 학교생활 하기가 얼마나 힘들었을까를 생각하니 화가 납니다. 제가 아이 얼굴을 어떻게 봐야 할지 모르겠고, 어떻게 해야 할지도 모르겠습니다.

아이에게 일어난 일은 심각한 일입니다. 지금 학교에서 이런 일이 있으면 학교폭력대책위원회를 열어야 되는 것으로 알고 있습니다. 그리고 처벌의 수준은 담임 선생님께서 얘기하신 수준일 수도 있지만 그 이상의 다른 처분도 가능한 것으로 알고 있습니다.

이 상황에서 가해 학생 아이의 처벌 수준을 결정하는 것보다 더 중요한 일이 어머니의 감정에 대해 다루는 것입니다. 어머니의 감정은 분노입니다. 이 분노의 감정을 어떻게 다루어야 할까요? 먼저 분노, 즉 화가 누구를 향한 것인지를 분명히 할 필요가 있습니다. 그냥 화를 내기만 하면, 아이는 '내가 학교에서 못나게 행동해서 엄마가 화를 내나?'라고 잘못 생각할 수 있습니다. 어머니는 아이를 때린 가해 학생, 가해 학생 부모, 담임 교사의 처신에 분노한다는 것을 분명히 할 필요가 있고 특히 아이에게 그것을 잘 알려주어야 합니다. 간혹 피해 학생인 아이에게 '혹시 네가 잘못한 것이 있어서 그런 것 아니니?'라는 질문을 하는 경우가 있는데요. 어떤 경우에도 세 명이 한 명을 대상으로 위협하거나 때리는 것은 폭력입니다. 어머니가 이 문제를 세 명의 아이들과 가해 학생 부모에게 잘 표현하셔서, 그 가해 학생들이 아이에게 사과하도록 해야 합니다. 그런데 학교폭력의 대부분 사례에서 보면, 가해 학생 부모들이 대수롭지 않게 여기는 경향이 있습니다. 예를 들어, "아이들끼리 그럴 수 있지요."라든지 "싸우면서 크는 거지." 등등 별일 아닌 것으로 넘어가려고 하는데 그럴 때에도 분명하게 할 필요가 있습니다.

부모님이 언제나 나를 지켜준다는 믿음이 필요한 아이

학교폭력이 일어난 후에 피해 학생과 가해 학생 모두 학교 다니는 것을 힘들어 합니다. 물론 피해 학생과 가해 학생의 감정은 무척 다릅니다. 가해 학생은 피해 학생이 얄미울 수 있습니다. 그 아이만 아니면 별일 없이 잘 지나갈 수 있는 것을 괜히 선생님과 가족에게 알려지게 되어서 자신의 이미지가 나빠졌다고 생각할 수 있습니다. 피해 학생은 가해 학생의 사과를 받았다고 해도 학교 생활이 무서울 수 있습니다. '혹시라도 또 때리면 어떡하지? 우리 부모님이 아무리 나를 사랑하셔도 학교에서 나를 보호해줄 수는 없을 텐데.'라는 생각을 할 수 있습니다. 폭력이 그렇게 무서운 것입니다. 오히려 피해 학생이 학교 가기 싫다거나 전학가고 싶다고 하기도 합니다. 그럴 때 부모는 학교에서 폭력을 당하거나 감당하기 어려운 일이 생길 때 연락만 하면 언제든지 달려갈 것이라고 계속해서 이야기 해주어야 합니다. 이 아이에게는 자신의 뒤에서 자신을 지켜줄 누군가가 있다는 것이 힘이 됩니다.

아이가 자기 방을 지저분하게 쓰고 있습니다. 청소하라고 하면 말로는 대답을 하지만, 실제로는 전혀 하지 않아요. 저는 아이가 스스로 방 청소를 할 때까지 기다리려고 노력합니다. 그런데 남편은 참지 못하고 아이에게 화를 내곤 합니다. 매주 주말마다 방 청소 문제로 남편과 아이가 싸우고 있습니다. 그 소리가 듣기 싫어서 제가 청소할 때도 있어요. 장난감 좀 치우라고 하면 '다 필요하고 소중한 것'이라며 치우지를 않아요. 이제는 필요 없어진 초등학교 1학년 때부터 가지고 놀던 장난감, 학용품들도 그대로 있어요. 아이 혼자 방청소를 할 수 있게 하고 싶습니다.

부모 상담을 하다 보면, 아이에 대해 가지는 불만 중 청소 문제가 많은 비중을 차지합니다. 이 아이의 경우에는 청소를 힘들어하는 것 같지만, 물건을 정리하거나 버리는 것을 더 힘들어하는 것 같습니다. 필요하지도 않은 초등학교 1학년 때의 물건을 가지고 있으니까요.

우리는 어떤 사람, 또는 어떤 물건과 이별하고 난 후에는 슬픔이라는 감정을 느낍니다. 이러한 감정을 애도라고 볼 수 있는데요. 애도는 모든 의미 있는 것의 상실에 대한 정상적인 반응입니다. 어떤 것과 이별하고 새로운 것을 만나는 과정을 애도라고 이해하면 됩니다.

이 아이가 청소를 못하는 이유는 물건을 버리지 못하기 때문인 것 같습니다. 아이가 초등학교 1학년 때의 물건을 버리기 위해서는 물건과 이별을 해야 합니다. 더 자세히 말하면 초등학교 1학년 때의 어떤 추억과 이별을 해야 한다는 뜻입니다. 추억은 소중하지만, 모든 물건에 추억이 있다고 하면서 정리를 안 할 수는 없습니다. 모든 물건을 가지고 살 수 없기 때문이지요. 이 아이에게는 자신에게 의미 있는 물건에 대해서 우선순위를 정하게 하는 것이 필요합니다.

아이가 물건의 우선순위를 정하기 위해서는 처음에는 부모가 함께 정리하는 것이 필요합니다. 어머니가 혼자서 아이의 방을 정리하는 것이 아니라, 아이와 함께 방을 정리하는 것입니다. 함께 방 정리를 하면서 버려야 하는 물건을 버려주세요. 그 과정에서 아이가 싫어할 수도 있기 때문에 아이에게 설명을 해주어야 합니다. 아이에게는 더이상 필요 없는 물건이지만, 다른 사람에게 소중하게 사용될 수 있다는 것을 알려주고요. 재활용의 장점도 설명해주면 좋습니다. 많은 것을 정리한 후에 꼭 간직하고 싶은 정말 중요한 몇 가지는 상자 하나에 모아서 창고나 옷장 깊은 곳에 넣어두는 것도 필요합니다. 이렇게 함께 정리하면서 당분간 사용하지 않는 물건을 정리하는 방법을 배우는 것입니다.

제 아이는 학교 생활을 잘 하고 있습니다. 선생님들께 칭찬도 많이 받고 친구들도 많고 학업 성적도 우수합니다. 다른 엄마들이 저를 부러워합니다. 하지만 아이를 키우는 입장에서는 정말 답답할 때가 한두 번이 아닙니다. 제 아이는 느긋하고 시간 개념이 없습니다. 학원 차가 아파트 앞에서 기다리고 있어도 절대로 뛰는 법이 없습니다. 학교를 지각하게 되어도 서두르지 않습니다. 가족들이 함께 여행을 가게 되면, 아이 때문에 저와 남편이 싸웁니다. 아이가 준비를 늦게 하는 바람에 여행 시간이 자꾸 늦어지니까 아이에게 잔소리를 하게 되는 것이 항상 싸움의 시작입니다. 그래도 아이는 느긋하게 자기 할 일만 합니다. 잔소리하는 저만 나쁜 엄마가 된 것 같습니다. 아이의 시간 개념을 길러 주고 싶습니다.

시간 약속은 사회 생활의 기본이지요. 자질을 평가하는 기준이 되기도 합니다. 시간 약속을 잘 지키면 '책임감이 있다', '정확하다'라는 긍정적인 평가를 받습니다. 그러나 반대로 시간 약속을 잘 지키지 않으면 부정적인 평가를 받게 됩니다.

지각을 많이 했음에도 아이가 학교에서 긍정적인 평가를 받은 것 같습니다. 그렇다면 다른 긍정적인 면이 이 아이에게 많이 있다는 것이겠지요. 이 아이는 움직임이 빠르거나 운동을 잘하지는 않지만, 학업 성적이 우수하다는 것으로 보아 책을 많이 읽고, 생각이 깊은 학생일 가능성이 높습니다. 생각이 깊으니 다른 친구들에게 배려를 잘 할 것이며, 친구들과 사이가 좋으니 학교 생활 적응도 잘 할 것입니다.

이 아이의 장점에 대해 얘기를 했는데요. 이 이야기를 하는 이유는 시간을 지키기 위해서 학원차가 왔을 때 빨리 달려 나가는 것이 꼭 좋은 것은 아니라는 것을 말하고 싶어서입니다. 어린 시절 늦잠자는 버릇을 가진 선생님이 있었습니다. 그 선생님은 어렸을 때, 정말 늦잠을 많이 잤다고 합니다. 시골에 살았는데 아침에 학교 가는 버스가 한 대만 있기에 그 버스를 꼭 타야 하는데, 매일 늦잠을 자서 아버지가 그 버스를 잡고 있었다고 합니다. 딸이 탈 수 있도록 말입니다. 우리가 들으면, 딸이 10분만 일찍 일어나면 간단한 것을 아버지 고생시킨다고 생각할 수가 있는데, 그 아버지와 딸은 둘만의 추억이었다고 합니다. 그 선생님은 지금도 아버지가 자신을 위해서 버스를 잡아줬던 기억이 선하다고 합니다. 제 생각에는 몇 번 안했을 것 같기도 한데 그만큼 인상적이었다는 것입니다.

이 아이를 위해서 어머니는 무엇을 해야 할까요? 어머니가 학원차를 잡고 있어야 할까요? 일단 몇 번은 학원 차를 잡고 있어야 합니다. 그 행동을 한다는 것은 그만큼 아이와 함께 무엇을 한다는 의미가 포함되어 있습니다. 학원 차를 잡고, 아이가 차에 탈 때 아이를 야단치지 않는 것이 중요합니다. 아이를 위해 어머니가 한 행동의 가치가 낮아질 수 있습니다.

아이가 일찍 준비하는 방법을 알려주는 것도 필요합니다. 이 아이도 일찍 준비하고 싶은데, 아직 그 방법을 잘 모를 수 있습니다. 방법을 알려주지 않고 무조건 일찍 준비하라고만 하면 반감만 생깁니다. 아이에게 하루 동안의 행동에 대해 시간을 재보라고 하는 것도 하나의 방법입니다. 양치 시간은 몇 분이었는지, 옷 갈아입는 시간은 몇 분이었는지, 책가방 준비하는 시간은 몇 분이었는지 등에 대해 알고 있어야 합니다. 그래야 등교나 외출할 때 준비 시간과 플러스, 마이너스 시간을 생각해서 시작할 시간을 정할 수 있습니다. 아이가 혼자 하기 어려워 한다면 하루 동안의 행동 시간을 확인하는 것을 부모가 함께 하는 것도 좋습니다. 아이들은 생활을 배워가는 중입니다. 당연히 아직 방법을 모르는 것들이 많지요. 게으르다거나 예의가 없다는 평가적인 시선보다 아이가 아직 모르니 방법을 알려줘야겠다는 방식이 보다 나은 방식일 것 같습니다.

제 아이는 리더십도 있고, 교우 관계도 아주 좋아서 학급 반장을 하고 있습니다. 담임 선생님께서는 아이 칭찬을 많이 합니다. 다른 학부모들도 저를 많이 부러워합니다만, 저는 아이의 요구 사항을 들어주기가 아주 힘듭니다. 아이는 제게 잔소리를 많이 하는데요. 예를 들어, 제가 간식을 먹고 있으면, "엄마 또 먹어요?"라고 하고요. 제가 학교에 가야 하는 날이면 "엄마 오늘 옷 뭐 입을 건가요?"하고 물어보곤, 자기 마음에 들지 않으면 다른 옷으로 입으라고 합니다. 집안 청소 상태에 대해서도 잔소리를 합니다. 저는 아이의 잔소리가 듣기 싫습니다. 참견하지 말라고 해야 할지, 아니면 그냥 아이의 요청을 들어줘야 할지 모르겠습니다.

부모가 자녀에게 잔소리를 하는 경우는 많이 있지만, 자녀가 부모에게 잔소리를 하는 경우는 많지 않습니다. 이 아이의 성격이 엄마의 성격보다 더 꼼꼼하거나 더 완벽함을 추구할 가능성이 있습니다. 이 아이는 집이 아닌 다른 곳, 즉 학교, 학원 같은 곳에서는 완벽한 모습을 보여야 하기 때문에 스트레스를 많이 받고 있을 수 있습니다. 이 아이가 어머니에게 잔소리를 많이 하는 것은 외부에서 받은 스트레스를 어머니에게 푸는 것일 수 있습니다.

어머니의 입장에서는 아이의 행동은 부모에게 예의가 없는 것이라고 생각할 수 있습니다. 물론 부모에게 예의를 갖추는 것도 필요합니다만, 이 아이가 청소년인 것을 고려해야 할 것 같습니다. 청소년 시기는 질풍노도의 시기이다 보니, 조그마한 일에도 예민하게 반응할 수 있습니다. 이 아이가 집에서 엄마에게 잔소리를 하는 것으로 스트레스를 푸는 것이 밖에서 비행 행동을 하는 것보다 더 괜찮다고 생각합니다. 이 아이가 어머니에게 요구하는 것이 청소와 옷차림 정도면 아이의 요구를 들어주는 것이 좋을 것 같습니다.

혹시 스트레스를 어머니에게 표출하는 것이 아니라면, 아이는 왜 어머니의 옷차림에 신경을 쓸까요? 이 아이는 학교에서 완벽한 이미지를 가지고 있을 수 있습니다. 그러면 자신의 어머니의 모습도 자신의 이미지와 관련이 있다고 생각을 합니다. 그런 부분에서는 영리한 아이라고 생각합니다. 실제로 초등학교 아이들 사이에서는 어머니의 외모로 아이의 이미지를 평가하는 경우가 많습니다. 어머니에게 먹는 것으로 잔소리를 하는 것도 어머니의 외모와 관련이 있습니다. 초등학교 6학년 때는 외모, 외부로 보여지는 모습에 신경을 많이 쓰는 시기입니다. 이렇게 하는 것에 대해 부정적으로만 생각하지 마시고, 청소년 시기에 나타나는 자연스러운 발달 단계라고 보는 것이 좋습니다.

아이가 상습적으로 거짓말을 합니다. 5학년 때는 친구들 사이에서 조금씩 거짓말을 하다 보니 왕따를 경험하기도 했습니다. "우리 아빠는 시장님하고 아주 친해", "우리 엄마는 미국에서 살다 왔어", "우리 친척들은 다 유명한 사람이야" 등의 거짓말을 합니다. 남편은 그냥 평범한 회사원이고, 저는 미국에 갔다 온 적도 없습니다. 거짓말이 또 다른 거짓말을 만든다고 하잖아요. 제 아이가 그러고 있습니다. 지금도 거짓말을 하니까 친구들이 조금씩 뭐라고 하는 것 같습니다. 친구들이 자기를 싫어한다고 학교에 가기 싫다고 해요. 제가 거짓말은 나쁜 것이라고 해도 잘 고쳐지지가 않아요. 제가 어떻게 지도해야 할까요?

🅰 초등학교 6학년이 거짓말을 하면 금방 밝혀지기 때문에 친구 관계에서 어려움이 많이 있을 겁니다. 그럼에도 이 아이가 거짓말을 하는 이유가 있겠지요. 아이가 한 거짓말의 예를 보면, 시장님, 미국, 유명한 사람 등을 언급하고 있습니다. 이런 말들은 친구들에게 관심을 받을 수 있습니다. 이런 얘기를 하면, 친구들이 '와! 네 아빠 대단하다', '엄마 멋지다' 등의 말들로 이 아이에게 호감을 표현했을 겁니다. 이 아이는 친구들에게 관심을 받은 다음의 일은 생각하지 않는 겁니다. 일단 친구들의 관심이 좋은 겁니다.

이런 거짓말은 초등학교 저학년 때부터 시작되었을 가능성이 큽니다. 저학년 때 했던 거짓말은 들키지 않고 지나갔을 수 있습니다. 저학년 아이들은 다른 친구의 거짓말을 확인할 수 있는 인지구조를 가지고 있지 않습니다. 그런데 고학년이 되면서 아이들은 추론과 논리적 관계를 유추할 수 있는 인지구조가 발달하게 되는데, 다른 친구의 거짓말을 듣게 되면 논리적 오류가 있을 경우 그 말을 믿지 않게 됩니다. 그때부터 이 아이의 거짓말은 문제가 되었겠지요. 초등학교 5학년 때 왕따를 경험했다고 하는 것을 보니, 그때부터 일지도 모르겠습니다.

더 많은 관심이 필요한 아이

거짓말로 친구들의 관심을 받았던 경험으로 인해서 거짓말을 더 하게 되었다는 것은, 이 아이가 관심이 많이 필요한 아이라는 뜻입니다. 다른 친구에게 관심을 쉽게 받을 수 없으니까, 이런 거짓말을 시작한 것이라고 봅니다. 학교를 다니는 동안에는 공부를 잘한다거나 운동을 잘한다거나 외모가 뛰어나거나 리더십이 있으면 저절로 주목의 대상이 됩니다. 그렇지 않은 이상은 주목을 받기 쉽지 않습니다. 초등학교 6학년 정도 되면 부모의 관심과 사랑보다는 또래의 관심과 사랑이 더 중요해지는 시기이기 때문에 친구들에게 자꾸 거짓말을 하는 것입니다.

이제 부모 말고 이 아이에게 조언을 해줄 수 있는 다른 사람이 필요합니다. 이 아이는 거짓말로 만든 자신의 모습은 허상에 불과하다는 것을 알아야 합니다. 거짓말로 만든 자신의 모습이 사실은 자신에게 해롭다는 것을 알아야 합니다. 그것을 부모가 얘기해 주는 것에는 한계가 있습니다. 이 아이는 자신의 거짓말로 만든 자아상이 마음에 드는데, 그것이 나쁜 것이라고 부모가 얘기하면 더 이상 부모와 얘기를 하지 않으려 하고, 자신의 이상을 깨려고 하는 부모를 원망할 수도 있습니다. 그러니 전문적인 상담을 받는 것이 필요합니다. 부모님이 적극적으로 좋은 상담사를 찾아서 상담을 빨리 시작하는 것이 좋습니다. 왜 냐하면 거짓말이 계속된다면, 아이가 자랄수록 대인관계에서 더 힘들 어지기 때문입니다.

제 둘째 아이는 멋을 너무 부립니다. 첫째는 제가 사다주는 옷만 입고 머리 모양도 늘 단정했습니다. 그런데 둘째는 청바지를 사서 찢어서 입고요. 얼마 전에 미용실을 간다고 해서 카드를 줬는데, 머리를 노랗게 염색하고 왔습니다. 저는 깜짝 놀라서 둘째에게 잔소리를 했습니다. 둘째는 자기 친구들도 다 그렇게 한다고 합니다. 아이는 학교 성적도 좋고, 담임 선생님도 아이가 아주 모범적이라고 합니다. 하지만 저는 정말 제 아이를 잘 모르겠습니다.

어머니는 둘째를 이해하고 싶으신 것 같습니다. 이 어머니의 입장에서는 둘째가 문제가 되는 행동을 하는 것 같은데, 학교에서는 교사와 친구들이 이 아이의 행동에 대해 문제가 되지 않는다고 하니까 이상하다고 생각하시는 것 같습니다. 그 이면에는 아마도 '내가 이상한가? 우리 큰딸이 이상한가?' 등등 여러 생각이 드는 것 같아 보입니다. 이 어머니와 첫째는 비슷한 성향을 가진 것 같고, 둘째는 첫째나 어머니와 다른 성향을 가진 것 같습니다. 이 어머니와 첫째는 전형적인 모범생 성향을 가진 것 같고, 둘째는 창의적이고 개성이 강한 성향을 가진 것 같습니다.

개성이 강한 이 아이가 학교 생활을 잘하는 데는 이유가 있을 것 같습니다. 이 아이는 가정에서의 모습과 학교에서의 모습이 다를 수 있습니다. 그게 나쁜 것만은 아닙니다. 사회생활을 하는 데 있어서 필요한 것이기도 합니다. 사회에서 사용하는 자신의 이미지를 만들어서 사용하는 가면이 있는데 그것을 '페르조나persona'라고 합니다. 어쩌면 이 아이를 바라보는 담임 선생님은 어머니와는 다른 성향일 수 있습니다. 창의적이고 조금은 개성이 있는 아이들을 선호하고, 그런 아이들의 성향을 잘 키워주는 분일 수 있습니다.

미래는 창의성과 개성이 필요한 시대입니다. 학교에는 아직 보수적인 교사들도 있을 테니 학교 생활에서 어려움을 겪을 수도 있습니다. 하지만 자신이 원하는 머리 모양, 옷 등 자신의 욕구가 분명하고, 학업도 소홀히 하지 않는 아이이기 때문에 개성과 창의성이 요구되는 시대에 잘 부합할 것이라고 생각합니다.

그렇다면 어머니는 어떻게 해야할까요? 아이에게 잔소리를 줄이는 게 좋습니다. 그리고 아이의 성향이 개성이 강하고 창의적이라는 것을 인지하고, 아이의 멋을 인정해주세요. 때로는 아이에게 멋에 대한 조언을 구한다면, 이 아이의 개성과 창의성은 더욱 개발될 것입니다.

02

중학교

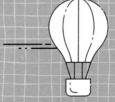

저희는 미국에서 살다가 아이가 초등학교 5학년이 되면서 한국에서 살게 되었어요. 아이를 혼자 미국에 두고 올까 하는 생각도 잠깐 했었지만, 가족은 함께 있는 것이 좋을 것 같아서 같이 왔습니다. 그런데 요즘 후회가 되기도 합니다. 저희 아이가 학교 다니는 것을 많이 힘들어하기 때문입니다. 아이는 학교에서 선생님이 질문하라고 해서 질문을 하면 선생님이 바보취급을 한다고 합니다. 아이는 고등학교에 가서 적응을 못할 것 같은 불안감이 있는지, 고등학교에 가는 것이 무섭다고 합니다. 저도 걱정이 많이 됩니다. 성적은 인문계 고등학교 갈 정도의 실력은 되는데 과연 잘 적응할 수 있을지 말입니다. 아니면 아이만이라도 다시 미국에 보내 교육을 받게 하는 것이 좋지 않을까 하는 생각도 합니다.

미국에서 살다 온 아이들이 한국 학교에 적응하는 데 어려움을 겪는 경우를 많이 봤습니다. 일반적으로 어릴 때 미국에서 살다가 한국에 온 지 몇 년이 지나면 한국 문화에 적응하는 데는 별 어려움이 없을 것이라는 생각을 합니다. 그러나 두 나라의 문화적 차이는 매우 크기 때문에 적응하는 데 어려움을 겪을 것입니다.

어릴 때 성격의 대부분이 정해진다고 하는 학자가 있습니다. 프로이트Freud라는 학자는 유치원 시기까지가 성격형성의 결정적 시기라고 합니다. 이 아이는 그 시기에 미국에 있었으니까, 미국 문화권에서 성격형성이 되었다고 봐도 무방합니다. 질문을 자유롭게 하고, 교사와 자유롭게 토론하고자 하는 것은 미국 문화의 힘이 아닐까라고 조심스럽게 추측해 봅니다. 미국에서는 질문과 토론이 자연스럽습니다. 그런 문화 속에서 지냈으니 미국에서처럼 자유롭게 자신의 생각과 관련된 것을 질문한 것이겠지요.

　우리 문화에서는 질문과 토론이 학교 교육에서 보기 어려운 것이기는 합니다. 선생님들도 질문과 토론 수업을 하고 싶다가도 여러 가지를 고려해야 하다보니 그런 수업을 진행하기 어려워 합니다. 우리도 자유학기제 등 새로운 시도를 많이 하고 있으니 점점 달라질 것이라고 생각합니다. 이 아이에게 단정적으로 "미국을 가세요.", "그냥 한국의 인문계 고등학교를 가세요."라고 말하기는 어렵습니다. 여러 가지 상황을 고려해야 하니까요. 그런데 미국에서 아이를 데리고 귀국한 것을 보면 다시 아이 혼자 미국에 보내기는 힘들 것 같습니다. 그렇다고 인문계 고등학교에 가게 되면 적응하는 것도 쉽지 않을 것 같습니다. 밤늦게까지 야간자율학습을 해야 하는데, 제 경험상 미국에서 살다 온 친구들은 시간표가 꽉 짜여진 우리나라 인문계 고등학교 교육과정을 많이 버거워 했습니다.

　대안학교를 추천하고 싶습니다. 전국에 많은 대안 학교가 있습니다. 현재 우리나라의 대안학교 중에는 학교 교육과정이 우수해서 다른 나라에서 배우러 오는 경우도 많습니다. 몇 개의 대안 고등학교의 교육과정은 미국의 고등학교 교육과정과 비슷하기도 합니다. 그곳에서 공부하던 학생들은 대학을 바로 외국으로 가는 경우도 많습니다.

　대안학교를 졸업하고 우리나라 대학에 갈 수 있는지 궁금할 수 있는데요. 정식 교육기관으로 인가를 받은 곳은 다른 고등학교와 동일하게 대학 입시를 준비하면 됩니다. 정식 교육기관으로 인가를 받지 못한 경우에는 검정고시를 본 다음, 대학에 입학하는 방법이 있습니다. 검정고시에 대해서 부정적인 견해를 가진 분들도 있겠습니다만, 대안학교, 검정고시, 홈스쿨링 출신으로 대학에 입학한 학생들이 예전에 비해 꽤 많아졌습니다. 이 학생들은 고등학교 시기까지 자신의 진학에 대한 고민을 많이 한 학생들이어서 그런지 대학 생활을 적극적으로 하고 있습니다.

또 다른 적응 방법으로는 이 아이의 능력을 최대한 발휘할 수 있는 기회를 제공해 주는 것입니다. 미국에서 살다 왔으니 '영어'에 대한 자신감은 있을 것 같습니다. 요즘은 중·고등학교에서 영어 말하기 대회도 많이 합니다. 대회에 나가서 자신의 재능을 발휘하다 보면 자신감도 생겨 점점 학교 생활이 즐거워질 것입니다.

Q 21 이성 친구에게 관심이 많아요 중학교 2학년

제 둘째는 이성 친구에게 관심이 아주 많습니다. 첫째는 모범적인 스타일이어서 공부만 열심히 했었어요. 제가 보기에는 둘째가 학원에 가는 이유가 이성 친구를 보기 위해 다니는 것 같고요. '이성 친구에게 관심이 있는 것은 당연하겠지'라고 생각하다가도 첫째가 그런 모습을 보이지 않아서, 둘째가 이성 친구에게 관심을 가지고 이성 친구 얘기만 할 때 제가 어떻게 해야 할지 모르겠어요.

아이가 이성 친구에게 관심을 갖는 것은 아주 자연스러운 일입니다. 첫째도 이성 친구에게 관심을 가지고 있었을 겁니다. 다만, 이성 친구에 대한 관심을 표현하느냐와 표현하지 않느냐는 방식의 차이일 수 있습니다. 첫째는 좋아하는 이성 친구나 연예인이 있어도, 그것을 표현하지 않았을 수 있습니다. 둘째는 자신이 좋아하는 이성 친구에 대해 어머니에게 적극적으로 표현하는 것입니다. 어떻게 보면 자신이 좋아하는 이성에 대해 어머니에게 얘기하는 것은 더 바람직한 일이라고 봅니다.

그러면 아이가 이성 친구 얘기를 할 때, 어머니는 어떻게 해야 할까요? 들어주기만 하면 됩니다. 아이의 얘기를 듣다 보면 아이의 짝사랑일 수도 있습니다. 아니면 친구들이 좋아하니까 따라서 그냥 좋다고 하는 경우도 있습니다. 또는 잘생기거나 예쁜 이성에 대한 의미 없는 얘기일 수 있습니다. 이러한 일들이라면 부모께서 걱정할 일은 없습니다. 인간의 발달 과정에서 나타나는 자연스러운 반응입니다. 오히려 이성에 대해 관심이 너무 없을 때 걱정을 하는 것이 맞습니다.

아이의 얘기를 듣다 보면 어머니가 걱정할 일이 있을 수도 있습니다. 이성 친구와 관계가 많이 진행되어 있을 때 입니다. 어느 정도의 스킨십이 진행된 경우도 있을 수 있습니다. 그럴 때는 좀 더 적극적인 지도와 개입이 필요합니다. 부모가 이성 친구와 만나는 시간과 장소를 확인하는 것이 필요합니다. 민망하더라도 성교육도 시켜야 합니다. 임신과 피임에 대한 정보도 더 자세히 알려주시는 것이 좋습니다.

제 아이는 성적이 우수한 편입니다. 초등학교 4학년 때부터 성적이 오르기 시작하더니 중학교 2학년인 지금은 상위권에 있습니다. 그동안 혼자서 공부를 해왔습니다. 그런데 얼마 전부터 학원을 보내달라고 합니다. 그동안 혼자서 주도적으로 공부를 해왔는데 학원에 다니기 시작해서 의존하는 습관을 만들게 되는 것은 아닌지 걱정이 됩니다. 제가 어떤 결정을 내려야 할까요?

이 아이가 그 동안 혼자서 주도적으로 공부한 것은 아주 훌륭한 일이라고 칭찬하고 싶습니다. 그랬던 아이가 어머니에게 학원에 보내달라고 요청을 했습니다. 이 부분을 중요하게 볼 필요가 있습니다.

첫 번째로 이 아이가 어머니에게 무엇인가를 요청했다는 것은 어머니와 아들의 의사소통이 잘 이루어지고 있으며, 둘 사이의 관계가 좋다는 의미입니다. 두 번째는 이 아이가 자신에게 필요한 것이 무엇인지를 안다는 것입니다. 중학생 아이들이 자신에게 무엇이 필요한지, 어떻게 하는 것이 좋은지를 아는 것은 쉬운 일이 아닙니다. 그래서 부모들이 자녀에게 이런 저런 것을 자꾸 해주려고 하는 것도 자녀 스스로 자신에게 필요한 것이 무엇인지를 모르는 경우가 많기 때문입니다.

이 아이는 자신에게 필요한 것이 무엇인지는 알아도 자신의 욕구를 정확하게 언어로 표현하는 데 어려움이 있습니다. 중학교 아이들과 상담을 하면 정확한 의사표현을 하지 않아 힘들 때가 많이 있습니다. 아직 자기 자신에 대해 구체적으로 얘기하는 방법을 모르기 때문에 대답을 잘 하지 않는 경우가 많습니다. 예를 들어, '학원에 가려는 이유는 뭐니?' 하면, 어떤 아이는 '그냥요', '이유가 있어야 되나요?' 등으로 대답을 합니다. 그래서 부모들이 오해를 하는 경우도 많습니다. 예전에 한 아이는 꿈으로 '간첩'이 되겠다고 했습니다. 그 얘기를 듣고, 부모가 노발대발했습니다. 그 아이는 무조건 간첩이 되고 싶다고 해서 상담실에 오게 되었는데요. 간첩이 되고 싶은 이유에 대해 자세히 여러 번 질문하니까, 영화 '위대하게 은밀하게2013년작, 김수현 주연'에서 '김수현'이라는 영화배우가 간첩으로 나오는 것이 멋있어서 그런 진로를 결정했다고 했습니다. 물론 그 진로 결정은 바뀔 가능성이 아주 큽니다.

이렇게 중학교 학생들이 자신의 욕구에 대해 구체적인 언어로 설명하는 것을 어려워 합니다. 다만, 질문하신 어머니의 자녀는 부모에게 자신의 욕구에 대해 요청을 했고, 그 요청이 처음이라면 들어주는 것이 좋습니다. 비록 그 자녀가 자신의 욕구에 대해 자세히 설명하지 못하더라도 말입니다. 학원에 가면 의존하는 습관이 생길까요? 그렇지 않습니다. 이 아이가 학원을 보내달라고 요청한 이유는 공부하는 것에 어려움을 느껴서일 가능성이 있습니다. 도움을 받으려는 것이지요. 도움을 받았다고 혼자서 공부하는 습관이 사라지지는 않습니다.

얼마 전에 아이는 저와 남편에게 친구들에게 왕따를 당했다고 얘기를 했어요. 친구에게 화장실에서 맞기도 했다고 하고요. 아이가 그 사실을 얘기하는데 저와 남편은 깜짝 놀랐습니다. '뭐라고 얘기를 해야 하나?', '어떻게 대처를 해야 하나?' 고민하고 있었는데, 남편이 아이에게 '너는 가만히 있었니?', '너도 몇 대 때렸니?', '네가 왕따 당할 만한 일을 한 거 아니니?'라고 몇 가지 질문을 하기 시작했습니다. 아이는 남편의 질문을 듣다가 그냥 자기 방으로 들어갔습니다. 남편은 '저렇게 자기의 마음을 얘기 안 하는데 왕따를 당하는 게 당연해!'라고 아이에게 큰소리로 말했습니다. 어떻게 해야 아이가 왕따를 안 당하고 편안하게 학교를 다닐 수 있을까요?

질문하신 어머니는 아이의 상황은 물론, 남편이 아이에게 안 좋게 말한 것도 힘이 든 상황일 것 같습니다. 아버지가 아이의 힘든 고백에 대해 인정을 해 주지 않았고, 아이에게 잘못이 많은 것처럼 여겨지는 질문을 많이 했습니다. 아이의 마음이 어땠을까요? 이런 상황이면 아이가 아버지에게 나쁜 감정을 가질 수 있습니다. 왕따 문제는 물론 부자관계의 개선을 위해서도 많은 노력이 필요할 것 같습니다.

우선 이 상황에서는 왕따 문제가 더 중요하다고 생각할 수 있습니다. 아버지와의 관계는 천천히 풀어가도 괜찮을 것 같다고 생각할 수도 있습니다. 왜냐하면 어머니가 생각하기에는, 아버지와 아이가 오랜 시간 같이 살고 있고, 아버지가 아이를 사랑해서 그런 행동을 했다고 생각하기 때문입니다. 많은 아버지들이 아이에게 강하게 말하고, 아이가 겪은 상황에 대해 객관적으로 판단해서 조목조목 따져 야단을 쳐야 한다고 생각하는 분들이 많습니다.

이 아이는 현재의 학교 생활에서 힘든 상황을 어렵게 부모에게 털어놓았습니다. 자신이 학교 생활을 잘하지 못했다는 것을 얘기하는 것은 쉬운 일이 아닙니다. 그럼에도 불구하고 이 아이가 부모에게 이야기했다는 것은 너무 힘드니까 도움을 요청한 것인데, '네가 못나서 그렇다', '그럴 때일수록 더 네가 강하게 나가야 한다'라는 식의 훈계를 들으면 이 아이는 누구에게 말하고 도움을 받아야 할까요? 도움을 요청할 곳이 없게 됩니다. 스스로 못났다고 생각하고 있는데 거기다 채찍질을 한 셈이지요. 앞으로 이 아이는 부모에게 도움을 요청해야 할 때에도 제대로 말하지 못할 수 있습니다. 그러면 학교생활 문제는 더 심각해질 수 있습니다.

그럼 어떻게 하는 것이 좋을까요? 아이를 더 강하게 키우고 싶은 아버지라면 어떤 말을 해주어야 하는지에 대해 알면 좋을 것 같습니다. 말로 자녀에게 인정, 칭찬을 해주는 것을 '스트로크'라고 합니다. 이 스트로크에는 경제 법칙이라는 것이 있습니다. 제1법칙은 '타인에게 주어야 하는 스트로크가 있어도 그것을 주어서는 안 된다.'라는 것입니다. 설명하자면 아이에게 '우리 아이 힘들었겠다. 위로해주어야겠다.'라고 생각하다가도 '안돼, 이런 스트로크를 주면 아이가 약해질 거야' '학교를 안 다닐 거야' 등의 생각으로 주어야 하는 스트로크를 주지 않는 것입니다. 사실 '스트로크의 경제 법칙'은 좋은 의미가 아니라 깨뜨려야 할 법칙이라고 할 수 있습니다. 스트로크 경제 법칙 1을 사용하면 아이는 더욱 힘들어집니다. 주어야 하는 스트로크는 주는 것이 좋

습니다. 부모가 아이에게 '네가 힘들었겠구나.' '그래도 우리에게 얘기할
용기가 있다니 대단한 걸', '용기를 내서 부모에게 얘기해줘서 고마워',
'우리가 어떻게 해줄까?' 등이 그야말로 그 아이에게 주어야 하는 긍정
적인 스트로크입니다. 이런 스트로크를 받게 되면 아이는 부모에게 무
언가를 요청할 것입니다. 학교를 자퇴하는 것과 같은 극단적인 결정이
아니라면 들어주는 것이 좋습니다. 만일 학교를 자퇴하겠다고 하면 시
간을 두고 결정하자고 권하는 것이 좋습니다. 정말 중요한 것은, '네게
무슨 일이 있어도 부모는 항상 네 편이니까 걱정하지 마'라고 말해주셔야
하며, 이것이 확고하다는 것을 아이가 알고 있어야 합니다. 그러면 자신
감을 갖고 학교생활을 하게 되어 왕따 문제 해결의 실마리도 찾게 될 것
입니다.

⚡ 스트로크 경제 법칙 깨뜨리기 ⚡

법칙 1 타인에게 주어야 하는 스트로크가 있어도 그것을 주어선 안 돼
→ 주어라!

법칙 2 원하는 스트로크를 타인에게 요구해서는 안 돼 → 요구하라!

법칙 3 원하는 스트로크가 주어져도 받아들여서는 안 돼 → 받아들여라!

법칙 4 원하지 않는 스트로크가 왔을 때에도 그것을 거부해서는 안 돼
→ 거부하라!

법칙 5 스스로에게 스트로크를 주어서는 안 돼 → 주어라!

제 아이의 학업 성적은 중간 정도입니다. 현재 수학 학원에 다니고 있습니다. 아이는 수학 성적을 올리고 싶고, 다른 친구들이 학원에 다니니 자기도 학원에 다니겠다고 해서 들어주었습니다. 저는 아이의 성적에 대해 별 욕심이 없습니다. 그런데 아이가 학교 성적에 욕심을 많이 냅니다. 기말고사를 보고 난 뒤, 원하는 만큼 성적이 나오질 않았는지, 집에 와서 울고불고하며 난리를 피웠습니다. 제 아이이지만 정말 이해하기 힘듭니다. 제가 볼 때, 아이가 학원을 다니기는 하지만 열심히 공부하는 것 같지 않습니다. 공부는 열심히 하지 않고 학원만 다닌다고 해서 성적이 잘 나오기를 바라는 것 같아 아이에게 자꾸 야단을 치게 됩니다.

어머니는 아이를 이해하기 힘들다고 하셨지만 아이가 속상한 것은 사실입니다. 어머니가 볼 때는 열심히 한 것 같지 않지만, 학원에 다니면서 자기 나름대로 노력을 한 것입니다. 속상한 아이의 마음은 이해해 주셔야 합니다. 어른도 무엇인가를 하려고 했는데 결과가 자기 마음과 다르게 나타나면 속상하잖아요.

　어머니가 아이에게 해 주어야 할 것은 무엇일까요? 첫 번째로 아이의 기분을 풀어주어야 합니다. 그것을 '공감적 반응'이라고 합니다. 부모가 자녀의 성적이 오르거나 떨어졌을 때 조건화된 칭찬이 아닌 있는 그대로 아이의 감정을 이해해 주는 무조건적 수용이 필요합니다. 조건화된 칭찬은 말 그대로 조건을 붙여서 칭찬하는 것입니다. 예를 들어, 성적이 오르면 '성적이 오르다니 우리 딸 예쁘기도 하지'라든지, '우리 아들 청소도 잘하네, 아이고 기특해' 이런 것이 조건화된 칭찬입니다. 성적이 올라야 예쁘고, 청소를 잘해야 기특한 아이가 되는 것입니다. 반대로 성적이 떨어지거나 청소를 못하면 나쁜 아이로 만들기도 합니다.

무조건 수용은 조건 없이 있는 그대로 자녀를 받아주는 것입니다. 존재 그 자체, 감정 그 자체에 대해서 있는 그대로 받아주고, 어머니는 어머니대로의 감정에 대해서 이야기하는 것이지요. 예를 들어, 지금 중학교 2학년 아이가 시험을 망쳐서 힘들어 하고 있으면 '우리 딸(아들)이 시험을 못 봐서 힘들구나, 우리 딸(아들)이 힘들어 하니까 엄마도 힘들어'라고 하는 것이 아이의 심정을 있는 그대로 받아들이면서(무조건적 수용), 감정까지 이해한 공감적 반응입니다.

두 번째로 아이에게 해 줄 수 있는 것은 학습 상황을 점검하는 것입니다. 이 아이는 공부에 욕심이 있고, 성적이 잘 나와야 편안하다면, 공부하는 방법에 대해서 어머니가 적극적으로 알려줄 필요가 있습니다. 현재 수학 학원을 다니고 있다고 했는데, 수학 학원에서 수업 방식은 어떤 식으로 진행되는지, 학원 수업이 학습에 도움이 되는지, 있다면 어느 부분에서 도움이 되는지, 도움이 되지 않는 부분은 어떤 것인지에 대해서 어머니가 알 필요가 있습니다. 그리고 학습 지도를 해 주어야 합니다. 어떤 한 아이는 학원에 다니면서 잘 모르는 부분이 있어 질문을 하고 싶었으나 선생님과 다른 친구들 눈치가 보여 못했다고 합니다. 이런 경우 이 아이에게 그 학원이 도움이 되었다고 보기 어렵습니다. 그렇다면 과감하게 다른 학원이나 과외 등의 방법으로 변화를 주는 것이 필요합니다. '학원을 보내줬으니 당연히 잘해야지', '과외를 하는데도 성적이 오르지 않다니'라고 지켜보지만 마시고, 아이의 학습 생활에 관해서도 충분한 관심을 갖고 대화해 보세요. 아이를 더 이해하고 아이에게 필요한 역할을 하실 수 있을 것입니다.

제 아이는 지난 기말고사 성적이 많이 향상되었습니다. 평균 30점 정도 올랐습니다. 저도 기쁘고, 아이도 굉장히 기뻐하고 있습니다. 그런데 걱정이 되는 것이 있습니다. 이제 곧 방학인데요. 이렇게 학업 성적이 크게 올랐을 때 더 열심히 할 수 있게 해 주는 것이 필요하지 않을까 하는 생각과 그동안 열심히 했으니 조금은 마음 편히 놀 수 있게 해주어야 하지 않을까 하는 생각이 들기도 합니다.

앞에서 무조건적 수용에 대해 말씀드렸습니다. 있는 그대로 아이를 인정해 주는 것이라고 했는데요. 지금 이 아이에게도 그런 칭찬이 필요한 순간이라고 생각합니다. 좋은 칭찬 방법은 '시험 성적을 잘 받아서 딸(아들)이 기분이 좋구나. 딸(아들)의 기분이 좋으니까 엄마가 기분 좋아'라고 해주는 것입니다.

어머니는 두 가지 선택 중에서 고민을 하고 있는 것 같습니다. 방학 중에 공부를 열심히 하도록 지도할 것인지, 아니면 방학 동안 놀 수 있게 할 것인지 말입니다. 이런 고민은 부모 입장에서는 즐거운 고민이기도 합니다. 성적이 잘 나왔고, 아이도 기뻐하고 있으니까요. 이 시기에 어떻게 하느냐에 따라서 고등학교까지의 학습에 영향을 줄 수도 있습니다. 상담실에 오는 어머니들 중에는 고등학교 3학년 학부형들도 꽤 있는데, 대학 원서를 쓸 때 가장 많이 후회하는 시기가 중학교 2학년 시기라고 합니다. 그 시기에 자기 주도적인 학습 습관을 형성하여 고등학교 시기까지 실천하는 것이 중요하다는 것이죠.

가장 중요한 건 아이의 욕구가 어떤 것인지를 확인하는 것입니다. 방학동안 열심히 공부해서 실력을 쌓을지, 친구들과 놀며 쉬는 시간을 가질 것인지는 학생의 선택에 달려 있습니다. 만약에 이 아이가 방학 동안 친구들과 노는 것을 선택하겠다고 하면 그 의견을 존중해 주는 것이 좋습니다. 어머니가 아이가 방학 동안 친구들과 노는 것에 집중하는 것이 싫다면, 이 어머니는 두 가지 고민을 하고 있는 것이 아닙니다. '어떻게 하면 더 공부를 많이 시킬 수 있을까요?'라는 고민만 하는 것입니다. 아이에게 하고 싶은 것이 무엇인지를 물어봐 놓고, 어머니 마음대로 하게 되면 아이의 입장에서는 '어차피 어머니 마음대로 하시면서 왜 물어보는 거지?'라는 생각만 듭니다.

그렇다면 방학 동안 열심히 공부시키는 것으로 결정을 해야 하는 것일까요? 그러면 아이가 어머니의 계획대로 잘 따라올 수 있을까요? 아이의 성향에 대해 어머니가 파악하고 있는지가 중요합니다. 이 아이는 짧은 시간에 성적이 오른 것으로 봐서 집중력이 아주 좋은 것 같습니다. 또 단기간에 평균 30점이 오른 것에 대해 기뻐하고 있으므로 공부에 재미를 더 붙일 수 있습니다. 이런 경우, 학교 공부뿐만 아니라 다른 것에도 관심을 가져 지적 호기심이 왕성해질 가능성이 있습니다. 이럴 때는 이 아이가 어떤 것에 관심을 두는지 살펴보는 것이 필요합니다. 학교 공부만 하면 조금 지루할 수 있고, 성적이 많이 올라서 학교 공부를 우습게 여길 수도 있습니다.

아이의 지적 호기심을 고려하면서 공부를 시키려면, 학교 공부와 함께 독서를 적극적으로 권하는 게 좋습니다. 예를 들어, 한국문학단

편집, 세계문학전집, 읽어야 할 도서 100권 등등 방학 때 이런 책을 읽게 되면 이 학생의 지적 호기심도 충족되고, 인문학적 견문이 넓어져서 고등학교, 대학교 시기에 공부하는 데 많은 도움이 될 수 있습니다.

제 아이는 성적도 좋고, 예의도 바르고, 어른 말도 잘 듣고 해서 사춘기도 없이 지나가고 있는 것 같았습니다. 그런데 아이는 스스로가 뚱뚱하다고 생각합니다. 제가 볼 때는 괜찮은 편인데, 친구들이 뚱뚱하다고 뭐라고 하는지 다이어트를 한다고 합니다. 제가 맛있는 음식을 했는데도 잘 안 먹으니까 속상합니다. 또 다이어트하다가 아프지는 않을까 걱정도 됩니다. 요즘 아이들이 외모에 신경을 쓰는 것을 이해는 합니다만, 다이어트까지 할 필요가 있나 싶습니다. 제가 나중에 대학 가서 신경 쓰면 된다고 해도 제 말은 듣지 않습니다. 아이에게 어떻게 해 주는 것이 좋을까요?

A 중학교 시기 아이들은 외모에 관심이 많습니다. 자녀가 외모에 대해 민감한 반응을 보일 때는 부모가 자녀의 요청에 관심을 가지는 것이 좋습니다. 대개 부모는 자신의 자녀들을 예쁘게 봅니다. 자신의 자녀뿐만이 아니라 지나가는 아이들을 봐도 예쁘다고 합니다. 그 나이 또래 아이들의 순수함, 젊음이 좋아 보이는 것이라고 생각합니다. 그렇지만 같은 또래 집단에게는 순수함, 젊음이 예뻐 보이기가 어렵습니다. 다 같은 세대이기 때문입니다. 그래서 부모에게 예뻐 보인다고 자녀에게 무조건 '넌 예뻐'라고 말해도 자녀는 그 말을 그대로 믿지 않습니다.

　이 아이는 자신이 뚱뚱하다고 생각하고 있습니다. 그것이 학교생활을 하는 데 어떤 영향을 줄 수 있을까요? '뚱뚱하다'라는 기준은 아주 다양합니다. 지금 이 어머니는 아이 외모가 괜찮다고 생각하고, 아이는 자신을 뚱뚱하다고 생각합니다. 아이가 밥을 안 먹을 정도로 다이어트를 결심했다면, 스스로 체감하는 뚱뚱한 정도는 심각한 수준이라고 보시면 됩니다. 그동안 식사를 잘하던 아이가 다이어트를 결심한 것에는 여러 가지 일이 있었을 가능성이 있습니다.

아이가 좋아하는 이성 친구가 자신에게 뚱뚱하다고 했다든지, 아니면 좋아하는 이성 친구가 마른 체형의 이성을 좋아한다고 했다든지, 그것도 아니면 어떤 불특정의 아이들이 이 아이에게 뚱뚱하다고 했다든지 등등을 생각해 볼 수 있습니다. 이런 일을 겪게 되면 자신이 괜찮다고 생각하고, 부모가 괜찮다고 얘기를 해 주어도 자존감에 혼란을 가져오기 쉽습니다. 자존감에 손상을 입기 시작하면 어떤 일이 있을 때마다, '내가 뚱뚱해서 나에게 이런 일을 시키나' 등 상관없는 상황과 자신의 외모를 연결하여 생각하고 결국에는 자신의 외모를 비하하기 시작합니다.

아이가 다이어트를 결심했다면 부모는 자녀를 도와주는 것이 좋습니다. 아이가 밥을 안 먹을 정도면 보통의 결심이 아닙니다. 어머니가 적극적으로 이 아이의 다이어트를 도와주면 좋겠습니다. "엄마가 보기에는 다이어트 필요가 없지만, 네가 꼭 해야 한다니 도와줄게."라고 말씀해 주시고요. 단식부터 하려는 자녀의 건강이 염려되면 다이어트 건강 식단을 만들어 주십시오. 샐러드, 닭가슴살, 연어 같은 것으로 식사를 할 수 있도록 해 주면 건강에도 좋고, 피부에도 좋고, 머리 회전에도 좋고 체중 감량에도 좋습니다. 그러면 아이의 건강도 좋아지고, 두뇌 회전도 좋아지는 일석이조의 효과를 보실 수 있습니다. 덧붙여, 외모에 대한 평가에 따라 아이의 자존감이 흔들리지 않도록 부모님께서 도와주시는 것도 필요합니다.

저는 중학교 3학년 학생으로, 곧 고등학교에 갑니다. 고등학교에 들어가면 확실한 장래희망을 세워야 한다는 생각을 가지고 있는데요. 저는 아직 저의 직업, 진로에 대해서 결정을 하지 못했어요. 제가 하고 싶은 것, 좋아하는 것은 축구인데, 축구 선수를 직업으로는 선택하기에는 너무 늦었다고 생각하고, 축구 선수를 하기에는 실력이 뛰어나지도 않습니다. 고등학교에 입학하고 3년이라는 시간이 있기는 합니다만, 이런 답답한 상태가 계속 될까봐 걱정입니다.

많은 학생들이 진로환상을 가지고 있습니다. 진로환상이란 '나를 위한 완벽한 진로가 있겠지', '나에게 꼭 맞는 진로가 있겠지'라는 생각입니다. 진로발달학자들은 '내가 하고 싶은 것바람: wishes'과 '내가 할 수 있는 것가능성:possibility'의 지속적인 타협 과정을 거치면서 진로가 발달한다고 설명합니다. 이 말은 진로를 찾기 위해서는 다양한 경험을 하고, 자신의 능력을 시험해 보면서 자신에게 맞는 진로를 찾기 위해 노력해야 한다는 뜻입니다.

　　진로발달 과정에서 타협의 예를 들어보겠습니다. 만약 어떤 아이가 어렸을 때 하고 싶은 것이 축구 선수였다고 생각해봅시다. 그 아이는 축구를 좋아하고, 축구 선수로 활동도 했었습니다. 그런데 축구 선수로 활동을 하다 보니, 축구를 여전히 좋아하기는 하지만, 선수로서 아주 잘할 수 없다는 것을 알게 되었습니다. 그 아이는 고민을 하기 시작합니다. 계속 축구 선수로서 살아갈 것인지, 아니면 더 잘 할 수 있는 다른 것을 찾아야 하는지에 대해 말입니다. 이 아이는 타협을 합니다. 축구를 하면서, 축구 선수로는 활동 하지 않는 일을 선택할 가능성이 있을 겁니다. 체육교사, 축구 코치 등의 비슷한 다른 직업을 선택할 수 있습니다. 이러한 과정을 거쳐 자신에게 맞는 진로를 찾게 되는 것입니다.

　　이 아이는 고등학교에 가서 진로미결정 상태로 계속 있게 될까봐 걱정하고 있습니다. 결정을 해야 하는데, 결정을 하지 못한 상태는 답답하고 짜증이 날 겁니다. 부모나 친구들이 진로에 대해 얘기를 하면 더 조급한 마음이 들 수도 있을 겁니다. 이 아이에게 조금은 자신에 대해 알 수 있는 방법을 알려주는 것이 좋겠습니다. 현재 표준화된 진로적성 검사가 많이 있습니다. 무료로 하는 사이트도 있고, 학교에서도 많이 하고 있는 것으로 알고 있습니다. 좀 더 자세한 설명을 듣고 싶다면 전문상담가에게 적성검사를 받고 해석을 듣는 것도 좋은 방법 중의 하나라고 생각합니다.

제 아이의 성적은 중간 정도입니다. 제가 보기에 공부를 열심히 하고 있습니다. 가끔은 '열심히 공부를 하고 있는데 왜 성적은 오르지 않을까'라는 생각을 한 적도 있습니다. 그런데 며칠 전에 아이의 노트를 보았습니다. 노트가 정말 엉망이었습니다. 노트 정리를 잘해야 공부도 잘 되는 것이라고 얘기했더니 잔소리라며 듣기 싫어합니다. 노트 정리를 못해도 공부 잘할 수 있다고 큰소리 치는데 정말 노트 정리랑 성적은 상관이 없는 걸까요?

이 아이에게 성적과 노트정리는 관련이 있습니다. 만약 성적이 잘 나오는데 노트 정리가 잘 되지 않았다면, 그건 그 아이의 머릿속에서는 내용이 정리되어 있는 상황입니다. 따로 노트에 정리할 필요가 없기 때문에 성적이 잘 나온 것입니다. 하지만 어머니가 보시기에 공부를 열심히 하는데도 성적이 좋지 않다는 것은 머릿속에서도 노트에서도 정리가 되지 않았음을 의미합니다.

아이들은 본인에게 잘 맞는 학습 방법을 모를 수 있습니다. 따라서 부모의 지도가 필요합니다. 어머니가 생각하시는 것처럼 노트 정리를 잘 하는 것이 첫 단계일 수 있습니다. 노트 정리를 잘 하라고 말로만 하면 이 아이는 노트 정리 방법을 알 수 없습니다. 알았다면 이미 그렇게 하고 있었겠지요. 하나씩 단계별로 알려주는 것이 필요합니다. 첫 번째 단계로 수업 시간에 배운 내용을 어떻게 정리하고 있는지를 확인해야 합니다. 수업 시간에 배운 내용을 과목별로 정리하고 있어야 하고, 교과서의 순서와 노트의 순서가 동일해야 합니다. 어떤 아이들은 오늘 배운 내용을 어디에다 정리했는지 모르는 경우도 있습니다. 혹시나 이 아이가 그렇다면 배운 날짜를 노트에 적게 하는 것도 방법입니다.

두 번째 단계로 중요한 것을 표시하는 것을 알려주어야 합니다. 혹시라도 하나의 색 펜만을 사용했다면 한두 개 더 다른 색을 사용해 볼 것을 권합니다. 수업시간에 선생님이 중요하다고 한 것은 반드시 형광펜이나 빨간색을 사용하라고 하는 것이 좋습니다. 다른 색 펜으로 바꿔서 필기하기 귀찮아서 그냥 검정색 펜만 사용하는 아이들도 있습니다.

세 번째 단계는 암기의 단계입니다. 위의 두 단계의 과정을 하다보면 이미 많은 부분 암기가 되어 있을 겁니다. 그래도 다시 확인하는 것이 필요합니다. 그리고 그때 외우지 못한 것은 다시 암기하는 것이 필요하고요. 이 단계에 대해 알려주고 아이가 잘 따라와 준다면 성적 향상을 기대해 볼만 합니다. 당장은 성적이 올라가지 않았다하더라도 이런 기초적인 정리 습관을 만들면 시간이 좀 걸리더라도 성적은 향상될 것입니다.

다만 노트 정리 단계를 어머니가 직접 지도하는 것은 좋지 않습니다. 어머니의 잔소리로 생각하기 쉽습니다. 학원을 다닌다면 학원 선생님에게 부탁을 하든지, 친구 중에 학습 멘토가 있다면 그 친구에게 부탁을 하는 것이 좋습니다.

제 아이는 학교 생활을 잘 하고, 학업 성적이 우수한 편입니다. 그런데 아이가 갑자기 학교가 싫다고 학교를 안 가겠다고 합니다. 제가 친구랑 싸웠는지, 선생님께 혼났는지 물어봐도 아니라고만 합니다. 아이는 학교가 싫고, 유학을 보내달라고 합니다. 갑자기 어떻게 유학을 갈 수 있냐고 해도 무조건 유학을 가겠다고 합니다. 얼마 전에는 학교에 간다고 하곤 다른 데를 갔습니다. 제가 야단도 쳐 보고, 달래기도 해 보고 했습니다만, 계속 학교를 안 가겠다고 하고, 무조건 유학을 보내달라고 합니다.

자녀가 다니던 학교를 그만두고 갑자기 유학가고 싶다고 하니 무척 난감하겠습니다. 이 아이의 성격에 대해 자세히 살펴볼 필요가 있습니다. 이 아이는 자신의 의견을 강력하게 표현하는 성향을 가진 것 같습니다. 가만히 학교를 다니다가 부모가 자신의 의견을 들어주지 않자 학교도 안 가는 것을 보면 말입니다. 이 아이의 성향으로 미루어 보면, 이 학생은 갑자기 학교를 그만두겠다고 한 것이 아닐 수 있습니다. 그동안 많은 생각을 하고 부모에게 말했을 가능성이 큽니다.

대부분의 부모는 성적이 우수하고, 친구와 관계가 좋으면 아이가 학교를 좋아하고 있다고 생각하기 쉽습니다. 그런데 정규교육과정 그자체를 답답하게 여기는 성향을 가진 아이들이 있습니다. 학교를 다니라고 부모가 얘기하니까 학교를 다니기는 하지만 특별히 학교 생활에 흥미가 없는 것입니다. 이런 성향의 아이들은 조용히 자신만의 세계에 빠져 있기도 합니다. 조용하게 자신만의 세계에 빠져 있다 보니, 속으로 여러 번 생각한 것을 부모에게 여러 번 얘기했다고 생각하는 경우도 종종 있습니다. 즉 이 아이는 신중하게 유학을 가겠다고 결정한 것일 수 있습니다.

유학에 대해서 구체적으로 질문해보세요. 아이가 유학을 신중하게 생각하고 결정한 것이라 하더라도 부모가 선뜻 유학을 보내는 것은 어렵습니다. 이 아이가 유학을 안 보내주면 학교를 안 가겠다고 하니 더 고민이 될 겁니다. 부모가 할 일은 유학에 대해 무조건 '안 돼'라고 하는 것이 아니라 유학에 대해 구체적으로 질문을 하는 것입니다. 예를 들어, 아이에게 '어느 나라로 유학을 가고 싶니?', '가고 싶은 나라 어느 도시로 갈 거니?', '언어는 어떻게 준비할 수 있니?' 등을 질문해보세요. 아이가 대답을 못 할 가능성이 큽니다. 부모는 아이에게 질문한 것에 대해 잘 준비해야 한다고 지도해야 합니다. 아이가 유학과 관련된 정보를 수집하고, 언어 준비도 하고 있다면 부모도 유학에 대해 여러 가지 정보를 수집할 수 있고, 아이의 유학에 대한 열정도 확인해볼 수 있습니다. 물론 학교는 다니면서 유학 준비를 해야 합니다. 이렇게 하다 보면 유학에 대한 좋은 정보와 아이의 열정으로 실제 유학을 갈 수도 있고, 그게 아니라면 학교에 다니면서 유학에 대한 열정이 식을 수도 있습니다. 유학을 결정하든 그렇지 않든 간에 아이가 스스로의 진로에 대해 고민하는 시간을 가진 것이니 긍정적으로 생각하면 좋겠습니다.

제 아이의 친구 때문에 저와 아이가 힘이 듭니다. 그 친구는 얼마 전에 제 아이 휴대폰으로 이성 친구들에게 오해 받을 문자를 보냈습니다. 아이는 학교에서 이성 친구들에게 자기가 보낸 문자가 아니라고 해명했다고 합니다. 아이가 중학생인데 제가 친구 관계에 개입하는 것이 좋지 않을 것 같아서 아이에게만 야단을 쳤어요. '네가 휴대폰 관리를 못하는 거다.'라고요. 그리고 아이에게 몇 번 얘기했습니다. '친구 사이에도 지켜야 할 예의가 있다'고 말입니다. 며칠 전에는 그 친구가 아이의 휴대폰 번호로 문자 인증을 받아서 쇼핑몰에 가입을 했다고 합니다. 아이는 친구가 인증번호 불러 달라고 하니까, 인증번호를 알려줬다고 하고요. 이것은 심각한 문제라고 생각해서, 아이 친구에게 직접 전화를 해서 그런 행동을 하면 안 되는 것이라고 얘기했습니다. 제가 이렇게까지 해도 괜찮은 것일까요?

아이가 자라날수록 부모의 역할은 '대신 해주는 것'에서 잘하도록 '돕는 것'으로 바뀌어 갑니다. 이제 중학교 3학년인 아이가 친구 관계에서 곤란해 하는데 부모로서 어떻게 해야 하는지 고민하는 상황이지요. 어머니가 친구 관계에 개입을 한 것은 잘한 일입니다.

대개의 경우 저는 아이들을 믿고 아이들과 대화하여 문제를 해결하라는 해결책을 드립니다. 그런데 이런 상황은 그렇게 해서는 안 되는 일 중에 하나입니다. 부모가 자녀의 개인 정보를 보호해 주는 것이 필요하고, 개인 정보를 보호하는 것이 중요한 일이라는 것을 아이와 친구에게 알려주는 것이 중요합니다. 특히, 친구가 아이의 번호로 오해받을 문자를 보내 문제가 되기도 했으니, 이 사실을 알았을 때 어머니가 아이와 친구 사이에 바로 개입했어도 괜찮았습니다. 특히 남녀공학 학교에서는 여학생, 남학생 사이에 미묘한 기운들이 있고 누가 누구를 좋아한다는 식의 소문이 나면 학교 생활을 하는 데 생각보다 큰 어려움을 겪을 수 있습니다.

어머니가 친구 사이에 개입을 한 것은 잘하셨지만, 한 번 더 개입하는 것을 권합니다. 아이 친구의 부모를 만나서, 이 친구 휴대폰 관리에 대해 같이 얘기를 하면 좋겠습니다. 서로 부모들끼리 만나서 대화를 할 필요가 있습니다. 아이 친구가 다른 사람의 휴대폰으로 쇼핑몰에 가입하고, 쇼핑을 한 것을 상대 부모에게 알려줘야 합니다. 그 부모의 자녀를 위한 지도입니다. 그 부모가 자녀를 지도하는 것이, 이 질문하신 어머니의 자녀를 보호하는 또 다른 방법이기도 합니다.

제 아이는 학교도 좋아하고, 친구도 좋아하는데 성적이 많이 나쁩니다. 아이의 성적은 반에서 거의 꼴지입니다. 대부분의 과목이 20점에서 30점 정도고요. 수학 과목 하나만 70점에서 80점 정도 받습니다. 이 성적으로는 고등학교에 가기가 어렵고, 고등학교에 진학해도 대학에 갈 수 없을 것 같아요. 그런데도 아이는 아무런 걱정도 없는지 매일 잠만 자고, 판타지 소설이나 읽고 있습니다. 제가 공부하는 방법 등을 알려 주려고 하면 자기가 알아서 한다고 합니다. 제 아이를 공부시키고 싶습니다.

🅰 대부분의 아이들이 공부를 싫어합니다. 힘이 드니까요. 공부를 싫어하는 이유와 원인은 다양합니다. 부모에 대한 반항심, 부모의 관심 부족, 지능 문제, 적성 문제, 학습전략 문제 등이 있습니다. 또 학업 성취 경험이 없고, 실패 경험을 많이 하게 되면 공부를 싫어합니다. 이때 '학습된 무기력learned helplessness'이 생깁니다. '학습된 무기력'은 '나는 아무 것도 할 수 없다!'는 믿음입니다. 학습된 무력감에 빠진 아이들은 부정적인 자기 개념을 가지고 있고, 학습 과제에 대해 거의 노력을 하지 않습니다.

이 아이가 공부를 싫어하고 못하는 이유를 찾아볼까요? 수학 과목의 성적은 높은 것을 보니, 지능의 문제는 아닙니다. 부모의 관심 부족이나 부모에 대한 반항도 아닙니다. 어머니가 아이의 학습지도에 관심을 가지고 있고, 부모와의 갈등이 심각해 보이지 않습니다. 이 아이는 학습된 무기력으로 인해 공부를 싫어하는 것 같습니다. 학습된 무기력을 가지고 있는 아이들의 대표적인 특징이 잠을 많이 자고 현실을 회피합니다. 이 아이는 이 두 가지 특징을 보이고 있습니다.

　학습된 무기력에 빠진 아이를 공부시키는 좋은 방법은 성적과 관련해서 작은 성취감을 맛보게 하는 것입니다. 고등학교 진학을 앞두고 있으니, 무리하게 학습 계획을 세우거나, 무리하게 높은 목표를 세우면 부담감에 더 안 하려고 할 것입니다. 어머니하고 공부를 같이 하지 않으려고 하는 이유에 이것이 포함되어 있을 겁니다. 이 아이에게 당장 '하루에 몇 시간씩 공부해, 그래야 간신히 네가 원하는 고등학교에 갈 수 있어'라고 하면 더 안 합니다. 사실 안 한다기보다는 못하는 것이 맞습니다. 달성하기 쉬운 목표부터 제시해서, 그것을 달성하면서 스스로 성취감을 느낄 수 있도록 해 주어야 합니다. 예를 들어 10분 집중 공부 후 1분 휴식부터 시작해서 집중 학습시간이 1시간이 되도록 조금씩 늘려가는 습관을 길러주는 것이 필요합니다. 그리고 그 과정에서 충분한 격려와 칭찬을 해주시면 됩니다. 이 아이가 중3 수준이라고 하기에는 너무 쉬운 영어 단어를 외우고 있다고 할지라도 '잘하고 있다', '점점 나아지고 있다'라고 응원해주는 것 말입니다.

03
고등학교

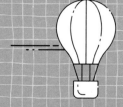

제 아이는 중학교 때까지 운동을 했었습니다. 중학교 때 부상을 당해서 운동을 그만두고, 인문계 고등학교에 입학했어요. 고등학교에 입학하고부터 제 아이는 학교 갔다 오면, 매일 잠만 자고 PC방에만 갑니다. 학교에서도 잠만 잔다고 합니다. 어느 날 아이와 식사를 하다가 아이의 손을 보았는데, 왼쪽 엄지손가락이 퉁퉁 부어 있었습니다. 무슨 일인지 물어보았더니 아이가 심심할 때마다 손을 물어뜯었다고 합니다. 아이는 버릇이 되어서 손을 가만히 둘 수가 없다고 해요. 저는 아이가 하고 싶은 일이 있으면 뭐라도 도와줄 마음이 있습니다. 그런데 아이는 하고 싶은 게 없다고 말합니다. 제가 어떻게 아이를 도와주어야 할까요?

가족 모두 힘든 상황입니다. 특히 아이가 많이 힘들 겁니다. 아이가 좋아하던 운동을 부상으로 포기하게 되었으니 그 상황을 지켜보는 부모의 마음은 억장이 무너진다는 표현이 맞을 겁니다. 그러니 아이의 심정은 오죽 더 하겠습니까. 그 심정을 말로 표현하지 못하고 자신의 신체를 자해하고 있다고 봐야겠지요. 손톱, 입술 등을 뜯는 것은 심리적으로 매우 불안정할 때 하는 행동입니다. 신체에 어떤 아픔을 조금씩 가해서 자신의 감각을 그 아픔에 집중하는 것이기도 하고요. 그 통증으로 살아 있다는 느낌을 받기도 합니다. 손을 물어뜯는 아이는 지금 얼마나 힘이 들까요?

　일단 학교를 옮길 수 있다면 옮기는 것이 좋다고 생각합니다. 인문계 고등학교에 다니고 있는데요. 이 아이가 중학교 때까지 운동만 했기 때문에 인문계 고등학교 교육과정을 따라가기는 많이 어려울 겁니다. 아이가 수업시간에 집중해서 듣기에 어려운 내용들이 있을 겁니다. 교과 내용을 모르는데 수업 시간에 이 아이가 할 일이 뭐가 있겠습니까. 그냥 자거나 손 물어 뜯기밖에 없겠지요. 본인의 큰 재능이었던 운동을 더 이상 할 수 없게 되었으니, 다른 것에 흥미를 느끼기 쉽지 않았을 것입니다. 하지만 다시 다른 재능을 찾아 자녀에게 미래를 꿈꿀 수 있도록 해주어야 합니다. 운동을 직접하지 않더라도 체육 이론가나 체육 관련 교육자가 될 수 있고, 아주 조금이라도 흥미 있는 분야라면 무엇이든 배워볼 수 있도록 말입니다. 과감하게 미용, 요리, 제과제빵을 배울 수 있는 학교로 전학도 고려해 볼 수 있습니다. 전학이 되지 않으면 인문계 고등학교를 다니면서라도 다른 재능을 찾을 수 있게 도와주는 것이 필요합니다.

아들러Adler라는 학자는 인간을 움직이게 하는 힘은 목표에 있다고 합니다. 목표가 없으면 아무것도 할 수가 없다는 이야기입니다. 이 학생이 아무것도 하지 않는 것은 목표가 없다는 것과 동일한 의미입니다. 목표를 찾을 수 있도록 부모가 적극적으로 지도해주는 것이 필요해 보입니다.

제 아이는 중학교 때 성적이 좋지 않았습니다. 그래도 꾸준히 노력한 덕에 중학교 3학년 때, 시내 인문계 고등학교에 갈 정도의 성적이 되었습니다. 고등학교를 결정할 때, 인문계 고등학교에 들어가서 나쁜 성적으로 내신을 안 좋게 받느니, 특성화 고등학교에 가서 좋은 성적을 받아서 대학에 가는 것이 좋겠다는 생각을 해서 특성화 고등학교에 입학했습니다.

아이가 고등학교에서 몇 달을 지내보니 학교 분위기가 공부할 분위기가 아니라고 합니다. 성적도 나쁘게 나왔고요. 아이는 인문계 고등학교로 전학하고 싶다고 합니다. 저도 아이의 성적을 보니, 굳이 특성화 고등학교를 고집할 필요가 없다고 생각합니다. 저와 아이가 대학 입시 제도에 대해 몰라서 우왕좌왕하는 것 같기도 합니다. 어떻게 하는 것이 좋을까요?

중학교에서 고등학교 진학, 고등학교에서 대학에 진학하는 때는 고민을 많이 하는 시기입니다. 자녀의 성격, 적성, 학교 성적도 같이 고려해서 선택을 해야 해서 그렇겠지요. 이 아이는 고등학교 1학년이니까 대학 입학까지 2년이라는 시간적 여유가 있으니 다행입니다.

특성화 고등학교에 가서 대학을 가려 했다고 말씀을 하셨습니다. 특성화 고등학교를 위한 대학 입학 전형이 따로 있는지 궁금할 것 같습니다. 대부분의 대학에서 특성화 고등학교 입학 전형을 따로 실시하고 있습니다. 그 전형에서는 특성화 고등학교 학생들끼리 경쟁을 하는 것입니다. 이 아이가 특성화 고등학교를 선택한 이유도 아마 이런 이유일 겁니다.

그런데 전학을 하려고 생각하는 이유가 무엇일까요? 질문하신 분의 생각처럼, 특성화 고등학교를 다니는 것이 인문계 고등학교를 다니고, 그 아이들과 경쟁하는 것보다 쉬워 보이기는 합니다. 그런데 이 아이가 특성화 고등학교에서도 성적이 나오지 않았다는 것을 짚고 넘어가야 할 것 같습니다. 중학교 때 성적이 상승세를 보이다가, 고등학교에 와서 성적이 주춤한 것 같은데 그렇다면 공부방법이 잘못 되었을 가능성이 있습니다. 고등학교에서는 과목의 수가 많아지고 배우는 내용의 난이도가 높아지기 때문에 중학교 때의 공부 방법, 공부시간을 그대로 하는 것은 좋지 못한 결과를 가져옵니다. 게다가 이 아이는 특성화 고등학교에서는 자신의 성적이 아주 좋을 것 같았는데, 그렇지 못했다는 것은 이 아이의 자존감에도 상처가 되었을 겁니다. 다른 학교로 전학 가고 싶은 이유일 겁니다.

　　이 아이가 전학을 가는 것이 좋은 방법은 아닙니다. 단순히 학교 성적이 잘 나오지 않아서 생긴 문제가 아닌 왕따 문제, 학교 폭력문제 등과 관련이 있다면 여러 가지를 고려해야겠지만 학교 성적이 낮게 나왔다고 해서 전학을 결정한다는 것은 회피일 수 있습니다. 다른 학교로 전학을 간다고 해서 갑자기 성적이 올라갈 일은 거의 없다고 봐야 합니다. 현재의 학교에 다니면서 어떻게 하면 더 좋은 학습방법을 찾을까를 고민하는 것이 더 효과적입니다.

　　현재의 대학입시제도는 수학능력시험보다 고등학교생활을 어떻게 했느냐를 보고 학생들을 선발하려고 하는 추세입니다. 일부러 특성화 고등학교에 입학하려고 관심을 가지고 있는 부모들도 많습니다. 제가 얘기하고 싶은 것은 아이의 학습전략을 확인하시고, 학교생활을 충실히 하는지를 확인하고 난 다음에 전학을 가든지 아니든 다른 선택을 하는 것이 좋다는 것입니다. 그리고 이 아이가 공부하는데도 성적이 오르지 않아 불안감에 학교가 싫어졌을 수도 있습니다. 이럴 때 아이가 심리적으로 안정감을 가질 수 있게 부모가 옆에서 정서적 지지를 해주는 것이 좋습니다.

제 아이는 공부를 못합니다. 대부분의 과목이 6등급에서 7등급 정도입니다. 이 성적으로는 대학에 가기가 어려울 것 같아서 걱정입니다. 저는 고등학교 때 공부를 아주 잘했습니다. 제가 생각할 때는 앉아서 공부만 하면 되는데 그게 왜 어려운 것인지 잘 모르겠습니다. 아이가 공부 방법을 모르는 것 같아서, 제가 알려주려고 해도 제 말은 듣지 않습니다. 유명한 학원, 잘 가르친다는 과외 선생님 등을 알려주는데, 아이는 싫다고 합니다. 아이가 머리는 좋은 것 같은데 공부를 하지 않아서 성적이 낮은 것 같습니다. 어떻게 해야 공부를 하게 할 수 있을까요?

거의 모든 부모들이 궁금해 하는 질문일 것 같습니다. 어떻게 해야 공부를 열심히 시킬 수 있을까 하는 것이지요. 어머니는 나름대로 최선을 다해서 좋은 학원, 과외 선생님을 찾아주려고 했는데 아이는 싫다고 했습니다. 이 아이는 공부에 생각이 없는 것 같습니다. 그런데도 이 학생에게 공부를 꼭 시켜야 하는 이유는 있습니다. 진로를 정하기 위해서는 적성을 알아야 하는데, 다양한 분야에 대한 공부와 경험을 해야 본인의 적성을 찾을 수 있기 때문입니다.

공부를 하기 싫어하는 아이는 많이 있습니다. 아이들은 공부가 힘들고 어렵기 때문에 하기 싫어합니다. 저는 이 공부가 국어, 영어, 수학만으로 한정해서는 안 된다고 생각합니다. 무엇이든 배우고 익히는 것이 공부이고, 학습입니다. 이 학습이라는 것을 해야 학생 자신의 진로를 찾는 데 도움이 됩니다. 배우고 익혀야 하는 분야는 미용, 요리,

애니메이션 등 다양합니다. 어떤 것이든 무엇이든지 배워야 하고, 익히는 과정에서 흥미를 느껴 자신의 분야로 삼아 더 열심히 할 수 있는 것입니다. 그러니 일단은 이런저런 교육을 받고, 경험을 쌓아보고 해야 자신의 분야를 발견할 수 있습니다. 가만히 있으면 자신의 진로를 찾기가 어렵습니다.

이 아이가 앉아서 공부하는 것을 너무 싫어한다니 외향적이고 적극적인 성향의 학생인 것 같습니다. 이런 성향의 아이의 진로를 찾아줄 때는 활동적인 것을 하는 것이 좋습니다. 아이에게 여행을 다녀보게 하는 것도 좋습니다. 고등학생 아이가 여행을 한다고 하면, 공부할 시간도 없는데 하며 부모가 납득하기 어려울 수 있습니다.

이 아이와 비슷한 성향의 아이 A를 상담했던 적이 있었습니다. A가 학교에서 흥미를 갖는 유일한 활동은 수학여행이었습니다. A는 수학여행을 갈 때면 어머니가 바빠서 김밥을 못 싸줘도 자기가 가게에 가서 김밥을 사서 갈 정도로 여행을 아주 좋아했어요. A는 중학교 때, 수업시간에는 항상 졸곤 했었는데 수학여행만 가면 여행지 관련 책을 읽고, 사진을 찍고, 그 지역에 대해 알아보고 하면서 즐거웠던 겁니다. A는 고등학교에 올라가서도 공부를 잘하지 못했는데 지리란 과목을 접하면서 새로운 세계가 열렸다고 합니다. 고등학교 수학여행으로 '제주도'를 다녀왔는데, 책에서 보던 신기한 지형들을 눈으로 직접 보았을 때 즐거웠다고 합니다. A는 제주도 여행에 대해 지리 선생님께 질문하고 답하는 과정에서 새로운 분야에 흥미를 가지게 되었습니다. 이후에 지리 관련 동아리를 만들고 동아리 회장을 하면서 답사 관련 책도 많이 보고, 지리 관련 책도 많이 보고 하다 보니 언어 영역에서 성적이 향상되고, 지리와 관련된 외국어를 익히다보니 외국어 실력도 향상되어 고등학교 3학년 때는 언어와 외국어 영역에서 1등급을 받게 되었다고 합니다. 이 경우는 체험을 통해서 공부에 흥미를 갖게 된 경우입니다. A가 말하길, 자기는 늘 '공부를 싫어하는 학생'으로 불렸다고 합니다. 그런데 지리 선생님께서 '활동을 좋아하는 학생'으로 불러주었다고 합니다. A는 아직도 그때 기분을 잊을 수 없다고 합니다.

이 어머니도 아이에 대해서 시각의 전환이 필요하다고 생각합니다. 자리에 앉아서 국영수에 집중하는 것만이 공부가 아니라는 것 말이지요. 그리고 자녀가 정말 하고 싶은 공부를 찾기까지 함께 도와주시면 좋겠습니다.

제 아이가 사춘기인 것 같습니다. 요즘 제게 반항을 하고, 어렸을 때 저 때문에 힘들었던 얘기를 합니다. 아이가 초등학교 때, 제게 편지를 써서 주었는데 편지 내용이 나중에 커서 효도하겠다는 내용이었어요. 그런데 제가 '편지에 쓴 내용을 실천할 자신이 없으면 앞으로 이런 편지 쓰지 마.'라고 했답니다. 아이는 그 이후부터 제게 절대로 편지를 쓰지 않겠다고 다짐했고, 실제로 그렇게 했다고 합니다. 또 중학교 때 첫 중간고사에서 자신이 생각한 것보다 점수가 잘 나와서 제게 전화를 걸어 '엄마, 나 평균이 89점 나왔어'라고 얘기했더니 제가 왜 이렇게 많이 틀렸냐면서 질책과 꾸중을 했다고 합니다. 그때 아이는 전화를 끊고 펑펑 울었다고 합니다. 저는 아이가 좀 더 잘했으면 하는 마음으로 했던 말들인데, 제 아이는 상처를 많이 받았나 봅니다. 제가 아이에게 어떻게 해 주어야 할까요?

아이의 마음의 상처가 무척 컸던 것 같습니다. 이미 시간이 많이 지난 초등학교, 중학교 때의 일을 기억하고 있다가 지금 얘기를 하고 있는 것을 보면 말입니다. 그래도 어머니에게 받았던 마음의 상처를 얘기하는 것은 아이가 심리적으로 건강한 것이라고 봅니다. 타인에게 받은 마음의 상처를 가슴 속에 꼭꼭 숨겨놓는 것이 심리적으로 더 위험합니다. 더 위험하다는 의미는 어릴 때 받은 마음의 상처를 꼭꼭 숨겨놓았다가 어른이 된 후에 한꺼번에 폭발하기 때문입니다.

어느 정도 내면의 힘이 있어야 부모에게 이런 저런 불만을 얘기하는데 이 아이는 불만을 얘기하고 있으니까, 상처는 크게 받았지만, 심리적으로는 건강해보입니다. 사람들은 마음의 상처를 타인에게 얘기하기 어려워 합니다. 특히, 부모에 대한 얘기를 부모에게 하는 것을 더 어려워 합니다. 서운한 말을 해서 부모가 나를 싫어할까봐, 부모가 나에게 실망할까봐, 나를 더 이상 사랑하지 않을까봐 등의 이유로 마음의 상처를 얘기하지 못합니다. 이 아이에게 심리적으로 건강해 보인다는 말은 이 아이가 그런 두려움을 무릅쓰고, 자신의 부모에게 서운한 것을 말했다는 겁니다.

이 아이는 자신의 심리적인 문제를 해결하려고 하는 것입니다만 어머니는 자녀의 얘기를 들으면서 많이 힘들 겁니다. 갑자기 자녀가 옛날 일을 꺼내며, '엄마가 나에게 상처를 줬어', '엄마가 잘못한 거야'라고 하면, 어머니는 자녀에게 할 말이 없습니다. 이 아이는 심리적 성장이 빠른 편입니다. 대개는 대학 들어가서, 아니면 결혼한 후에 어머니에게 이런 얘기를 시작하는 경우가 많습니다. 어머니는 힘드시겠지만 변하겠다는 의지를 갖고 조금씩 아이에 대한 태도를 바꾸는 것이 좋습니다.

아이를 있는 그대로 인정해주세요

초등학교, 중학교 시절 일은 미안하다고 하셔야 합니다. 그리고 아이에게 물어보세요. "엄마가 어떻게 해 줄까?" 하고요. 그럼 아이가 요구하는 것이 있을 것입니다. 아이의 요구를 들어주세요. 아마도 그때 받지 못했던 칭찬을 받기를 원할 수 있습니다. 이전에도 칭찬받고 싶었는데, 질책과 꾸중을 들었으니까요. 이 아이는 고등학교에 다니면서 많이 힘든 것 같습니다. 그런데 어머니가 또 꾸중을 할까봐 두려워 말하지 못하는 것도 많을 것입니다. 이 아이는 어머니에게 "내가 어떻든 나를 있는 그대로 인정해줘요."라는 말을 하는 거라고 보시면 됩니다. 어머니가 꾸중과 질책을 많이 하면 자녀는 심리적으로 위축됩니다. 지금 이 아이에게 필요한 것은 어머니의 칭찬입니다.

36 친한 친구에게 질투가 난다고 해요 `고등학교 1학년`

제 아이는 친한 친구와 같은 고등학교에 가겠다고 했습니다. 다행히 둘이 같은 고등학교로 배정을 받았고요. 둘 다 좋아했습니다. 그런데 얼마 전에 제 아이가 학교에 갔다 와서 울고불고하면서 난리를 피웠습니다. 친구는 공부를 잘해서 학교에서 운영하는 기숙사에 들어갔습니다. 제 아이는 그게 너무 질투가 난다고 합니다. 자기가 가장 친한 친구에게 이런 감정을 느끼는 것이 싫다고 하면서, 자기 자신도 싫다고 합니다. 저는 그럴 수 있다고 위로해주었습니다만, 그 다음에는 어떻게 해야 할지 모르겠어요.

이 아이가 겪고 있는 문제는 친구 관계 문제라기보다는 자신의 성격과 관련된 문제입니다. 자신의 성격에 대한 이해가 부족한 상황입니다. 친구와 같은 학교에 가고 싶어서 같은 고등학교에 갔습니다. 이 친구가 성적이 우수했던 것은 중학교 때부터였을 겁니다. 그것을 알고 있으면서 같은 고등학교에 간 것인데, 갑자기 친구가 공부 잘하는 것에 질투를 느꼈다는 것은 자신에 대한 이해가 늦었다고 보면 됩니다. 아니면 질투를 느끼는 감정은 자연스러운 것인데, 이전에는 '이러면 안 돼'하고 그 감정을 억압했을 수도 있습니다.

이 아이는 자신의 성격에 대해 이해해야 합니다. 우리에게는 일반적으로 시기, 질투, 열등감, 불안, 우울 등의 부정적인 감정이 있는데 이런 부정적인 감정들을 회피하려는 경향이 있습니다. 그리고 시기, 질투, 열등감과 같은 부정적인 감정들은 다른 사람과의 관계를 통해서 나타나는 경우가 많습니다. 그럴 때 시기와 질투가 생기는 대상이 무엇인지를 알아야 합니다. 그것은 주로 나의 욕심, 바람, 욕구와 관련된 것이 많기 때문입니다. 이 아이는 친구가 기숙사에 들어간 것에 대해 질투를 느꼈다고 했는데, 그것은 자기도 기숙사에 들어가고 싶은 것이겠지요. 이 아이는 공부를 잘하고 싶은 욕구가 있고 이제 그것을 다루는 것이 필요합니다. 그리고 친구 사이에 질투할 수 있다는 것도 이해시켜야 합니다. 친한 친구 사이에 경쟁할 수 있다는 것에 대한 이해, 즉 선의의 경쟁이 가능하다는 것을 알려주셔야 합니다.

이 아이는 친구한테 질투도 느꼈지만 열등감도 있었을 겁니다. 열등감은 누구나 다 가지고 있습니다. 열등감은 부정적으로만 인식되고 있는데, 그렇지 않습니다. 이 열등감은 극복하고 없애고자 하는 속성으로 인해서 무엇인가를 하게 하는 동기적 힘을 가지고 있습니다. 아들러Adler는 열등감이 인간을 좀 더 우월하게 만들고 미래를 향해 나아가게 하는 힘의 원천이라고 얘기를 합니다. 이 아이의 경우, 공부를 못한다는 열등감이 더 나은 자신의 모습을 만들려고 하는 원동력이 될 수 있습니다.

이 아이는 부모와 함께 자신의 감정을 깊이 살펴보는 과정에서 자신의 열등감에 대해 알게 되었고, 자신의 욕구를 알게 되었습니다. 이제는 열등감을 극복하고 더 나아지기 위해서 열심히 공부할 것입니다. 부모는 자녀에게 용기와 격려를 지속적으로 보내주며 자녀가 열등감을 극복할 수 있도록 도와주시면 됩니다.

제 아이는 운동하는 것을 좋아하는데, 특히 자전거 타는 것을 아주 좋아합니다. 아이는 날씨에 상관없이 자전거를 타고 학교에 갑니다. 얼마 전에는 수 백만 원 하는 자전거를 사달라고 했습니다. 저는 무슨 고등학생이 그렇게 비싼 자전거를 타냐고 했더니, 다른 친구들은 다 비싼 자전거를 탄다고 하면서 사달라고 조릅니다. 아침, 저녁으로 저만 보면 자전거를 사달라고 졸라서 제가 아주 피곤해요. 그래서 전교 1등 하면 사준다고 했습니다. 아이는 자기가 전교 1등을 어떻게 하냐고 하면서, 그냥 성적이 조금만 올라도 사달라고 합니다. 제가 아이를 혼내기도 하고, 달래기도 하는데요. 아이가 비싼 자전거에 대해서 집착을 하니까 제가 많이 힘듭니다. 아들이 자전거에 대해 갖고 있는 집착을 없앨 수 있을까요?

자녀가 비싼 자전거라든지 비싼 물건을 사달라고 하는 경우가 종종 있을 것입니다. 비싼 물건을 사달라고 할 때의 자녀의 심리적 상태에 대해 이해를 해야 할 것 같습니다. 여러 가지로 설명이 되겠지만, 일단 이 학생의 경우를 보겠습니다. 전교 1등을 하면 비싼 자전거를 사주겠다고 했는데, 못 한다고 했습니다. 성적이 좋지 않을 가능성이 있고, 자전거를 열심히 탄다고 했으니까 운동 신경은 좋은 것 같습니다. 이 아이는 주인공이 되고 싶은 욕구가 강하게 있는 것 같습니다. 눈에 띄고 싶고, 다른 사람의 눈에 좋아 보이고 싶고, 인기 있고 싶은 욕구가 강하게 있는 것 같습니다. 그런데 자신이 생각할 때 현재 자신의 모습이 마음에 들지 않을 가능성이 있습니다. 그러면 다른 것으로 자신을 드러내고 싶게 됩니다. 자연스럽게 자신이 갖고 있는 물건을 좋은 것으로 해서 자신을 드러내고 싶어 할 가능성이 있습니다. 이 아이뿐만 아니라 많은 중, 고등학교 아이들이 유명메이커, 비싼 물건을 좋아하는 것에는 이런 이유가 있습니다. 비싸고 희귀한 물건을 가지고 있으면, 그 물건으로 인해서 사람들의 관심을 받게 됩니다.

청소년들만이 아니라 어른들도 비싼 물건을 좋아하는 경우가 있는데, 비슷한 이유입니다. 어른들도 자기 자신의 모습에 대해 만족스럽지 않을 때, 자신의 욕구가 무엇인지 잘 모르고, 타인의 시선을 받고 싶을 때 비싼 물건을 가지고 싶어 할 수 있습니다. 자신이 명품을 가지고 있으면 자신이 명품처럼 느껴져 더욱 명품을 열망하게 됩니다. 부모 중에서 어렸을 때 비싼 물건으로 타인보다 우월감을 느낀 경험이 있거나, 비싼 물건을 가진 다른 사람이 부러웠던 경험이 있으면 자신의 자녀에게 비싼 물건을 쉽게 사줄 가능성이 있습니다.

이런 마음이라면 이 아이의 자전거에 대한 애착은 사라지기 어렵습니다. 자전거가 아니더라도 다른 물건으로 대체되기도 합니다. 이 아이는 자신의 내면에서 현재 자신의 모습에 만족하는 방법을 아는 것이 중요합니다. 그것은 시간이 오래 걸리는 일입니다. 이 아이가 성장하면서 차차 배워나갈 것입니다. 자녀의 이런 심리적인 부분을 이해한다고 해도 수백만원 짜리 자전거를 사주는 것은 좋지 않습니다. 이 아이에게 자전거를 사주고 난 다음 관리는 아이가 해야 하는데, 그 부분까지 책임지기가 어렵습니다. 학교에 자전거를 세워두다 잃어버리게 되는 경우도 종종 있기 때문입니다. 이런 얘기를 해도 아이의 자전거에 대한 관심이 멈추지 않을 것입니다. 아이가 비싼 자전거를 알게 된 경위에 대해서 알아보는 것도 해결 방법이 될 수 있습니다. 자전거 판매와 관련된 분이 아이에게 비싼 자전거에 대한 욕망을 불러일으켰을 수도 있습니다. 그럴 경우 어머니는 자전거를 판매하려고 하는 사람과 대화를 통해 홍보를 그만해줄 것을 요청할 수 있습니다. 또는 값비싼 자전거가 꼭 가장 좋은 자전거는 아니라는 것을 알려달라고 부탁해 볼 수도 있을 것입니다.

Q 38 아이가 인형에 집착합니다 고등학교 1학년

제 아이는 고등학교에 입학하면서 성적 우수자만 들어갈 수 있는 기숙사에 들어갔습니다. 지금은 중간고사 기간이어서 바쁘게 보내고 있습니다. 제가 고민하고 있는 것은 아이가 가지고 있는 인형 때문입니다. 아이는 사람 모양 비슷한 보라색 인형을 가지고 있는데, 이것이 없으면 난리를 피웁니다. 기숙사에 들어갈 때도 이 인형을 가지고 들어갔습니다. 얼마 전에 시험 공부를 하다가 이 인형이 기숙사에서 사라졌다고, 저한테 전화를 해서 큰일이 났다고 하는 겁니다. 저는 어딘가에 있을 것이라고 하면서 다독여줬어요. 몇 시간 뒤에 인형을 찾았다고 다행이라고 하면서, 인형을 찾느라고 몇 시간을 보냈다고 합니다. 공부하기에도 바쁜 시간인데 말입니다. 제 마음 같아서는 인형이 없는 것이 아이에게 더 좋을 것 같습니다.

이 어머니의 말처럼 아이가 인형이 없다면 공부할 시간도 더 생기고 해서 좋을 것 같지만 아닙니다. 오히려 이 아이는 인형이 있어서 기숙사에 잘 적응하는 것입니다. 할로우와 짐머만Harlow & Zimmerman의 유명한 대리모 실험 연구가 있습니다. 새끼 원숭이는 실제의 어미와 격리된 채, 우유병을 가지고 있지만 차갑고 딱딱한 촉감의 '철사 대리모'와 우유병은 없지만 부드럽고 따뜻한 촉감의 '헝겊 대리모' 인형이 있는 우리에서 양육되었습니다. 연구결과, 원숭이들은 애착형성의 가장 기본적인 욕구로 여겨졌던 배고픔을 해결해 주는 수유 여부와는 상관없이 모두 헝겊 대리모에게 붙어서 대부분의 시간을 보내는 것으로 나타났습니다. 더 흥미로운 것은 이 연구에서는 평상시뿐만 아니라 공포

〈철사 대리모 인형(우유병 있음)〉 　　〈헝겊 대리모 인형(우유병 없음)〉

및 불안상황에서도 동일한 반응을 보였습니다. 원숭이들은 우리 안으로 커다란 소리를 내며 움직이는 무서운 인형이 들어오자 소리를 지르며 곧장 헝겊 대리모에게 달려가 매달렸습니다. 헝겊 대리모에게 몸을 맡기고 끌어안음으로써 마음을 진정시켰고 얼마간의 시간이 흐르자 원숭이들의 얼굴에서는 공포심이 사라졌으며 움직이는 인형을 유심히 관찰하기도 했습니다. 이 실험이 주는 시사점은 부드럽고 따뜻한 촉감의 '헝겊 대리모'가 우리에게도 필요하다는 겁니다. 공포 및 불안 상황에서 의지할 수 있는 인형이 있다는 것은 다행스런 일입니다. 인형을 찾느라고 시간을 뺏긴 것이 아니라 인형 덕분에 기숙사에 잘 적응하고 있다고 보시면 됩니다.

　　고등학교 기숙사에 인형을 가지고 있는 아이들은 얼마나 될까요? 기숙사 아이를 대상으로 실험을 하거나 통계 결과가 있지는 않습니다만, 몇몇 기숙사에 있는 선생님들께 질문을 했더니, 여자 고등학교 기숙사 방에는 아이들이 자기 침대에 인형 하나씩을 놓고 있다고 하더군요. 그 선생님들께서도 인형이 하나씩 놓여 있어서 '얘들이 무슨 심리적 문제가 있나?'라는 생각까지 했다고 합니다. 이 아이들에게 기숙사라는 공간은 학교의 연장 공간입니다. 이 기숙사에서 시험이라는 압박감, 미래에 대한 불안을 경험하기도 합니다. 이 아이들이 인형을 가지고 있는 것은 심리적 안정을 찾기 위한 행동으로 생각하면 됩니다.

　　집에서 학교를 다니는 아이들은 인형에 대해 관심이 덜 할 수 있습니다. 어머니라는 포근한 존재가 있기 때문입니다. 아이가 어머니에게 짜증을 내기도 하고, 어머니를 안기도 하고, 어머니가 아이를 안아주기도 합니다. 가족과 엄마 대신인 인형에 애착을 갖는 것을 이해해주시고, 집에 오거나 전화 통화를 할 때 더 따뜻하고 다정하게 대해주시면 자녀의 정서 안정에 도움을 줄 수 있을 것입니다.

저는 두 개의 모습을 가지고 살고 있습니다. 처음 보는 사람들이나 저랑 친하지 않은 친구들에게는 무척 낯을 가리고, 소심하고, 조심스럽게 대합니다. 그래서 남들은 저를 엄청 얌전하고 조용한 사람으로 보는 경우가 많습니다. 하지만 저의 본 모습은 절대 그렇지 않습니다. 제가 아는 사람들, 진짜 친한 친구들에게는 엄청 적극적이고, 활발하고, 재미있고 호탕한 성격입니다. 저의 진짜 모습을 남들에게 쉽게 보여주지 못해서 항상 고민이었습니다. 처음 보는 사람들을 대하는 저의 모습은 저도 불편하고, 그런 저를 보는 상대방도 불편해 하는 것 같이 느껴졌습니다. 친구들을 보면 다 자기 성격 그대로 생활 하고 다니는 것 같은데, 그런 친구들 보면 너무 편해 보이고, 부럽습니다.

이 아이는 자신에 대해 많은 관심을 가지고 있고, 자신에 대해 깊이 있는 성찰을 했다고 보여집니다. 대부분의 사람들은 성인이 된 다음에, 자신 안에 여러 가지 모습이 있다는 것을 발견하게 됩니다. 왜냐하면 여러 가지 역할을 수행하면서 자신의 새로운 모습을 발견하기 때문입니다. 경험에 의해 새로운 모습을 발견하게 된다는 뜻입니다. 이 아이는 여러 역할을 수행한 경험이 적었음에도 자신의 두 가지 모습을 발견했고, 그 모습이 다른 것에 대해 심각하게 생각하고 있다는 점이 깊이 있게 자신에 대해 성찰하고 있다고 보여집니다.

　이 아이가 다른 친구들은 있는 그대로의 모습을 보여줘서 편할 것이라고 했습니다. 그런데 그 친구들은 편한 자신의 모습일 수도 있고, 그렇지 않을 수도 있습니다. 어떤 친구는 학교에서 연기를 잘 하는 것일 수 있습니다. 어떤 친구는 그냥 자기의 모습대로 보여줄 수도 있습니다. 연기라는 것, 다른 모습이 있다는 것은 잘못된 것은 아닙니다. 융Jung이라는 심리학자는 사회생활을 하는데 페르소나가면가 필요하다고 합니다. 질문한 아이의 학교에서의 페르소나는 얌전하고 조용한 것입니다. 다른 친구는 활발하고 적극적인 모습이 페르소나일 수도 있습니다. 편안한 모습의 친구도 집에서는 다른 모습일 수 있습니다. 즉 많은 사람들이 자기 안의 여러 가지 모습을 가지고 살아갑니다. 내 안의 여러 가지 모습이 있다는 것을 알고, 여러 다른 모습으로 활동하고 있다는 것을 자신이 인식하고 있는 것이 중요합니다.

덧붙여 청소년 시기에는 자신의 가면을 찾고, 그 가면에 맞는 역할에 충실한 것이 필요하다면 중년 이후에는 이전에 했었던 여러 역할을 통합하는 것이 필요합니다. 중년 이후에는 자신의 진짜 모습을 드러내고 보여줄 필요도 있습니다. 아니면 이전에 보여주지 않았던 모습을 보여주는 것도 필요합니다. 어떤 남성이 남성적인 성격 특징만을 드러냈었다면, 중년 이후에는 여성적인 성격 특징을 드러내는 것이 필요합니다. 이것을 남성 안에 있는 여성성 아니마Anima라고 부릅니다. 반대로 여성 안에 있는 남성성은 아니무스Animus라고 부릅니다. 성숙한 인간이 되기 위해서는 자기 안에 있는 아니마와 아니무스를 이해하고 개발하는 것이 필요합니다.

제 아이는 친구들이 자기를 무시한다고 합니다. 아이의 친구 중 한 명이 책과 연필을 허락도 없이 가져갔는데 아이는 물건을 가져간 친구에게 아무 말도 못 했다고 합니다. 아이는 억울하고 분하지만 일단 참는다고 합니다. 그러고는 집에 와서 혼자 울면서 화를 내곤 합니다. 이럴 때 제가 아이를 어떻게 지도해야 하는지 난감합니다.

우리 사회에서 고3 아이가 힘든 것은 보충 설명이 필요 없을 정도이지요. 고3 교실은 힘든 고3 아이들이 30명 이상 모여 있는 곳이니 더욱 많은 일들이 벌어지는 장소가 될 것입니다. 그렇다고 할지라도 친구가 허락하지도 않았는데 책과 연필을 그냥 가져갔다는 것은 친구 사이의 예의가 없는 것입니다. 아이가 이런 얘기를 부모에게 한다는 것은 어떤 구체적인 해결책을 알려 달라고 하는 것보다는 내 편을 들어달라는 의미일 때가 많습니다. 그러니 적극적으로 아이의 편을 들어주는 것이 필요합니다. 어떤 부모들은 제대로 의사를 표현하지 못한 자녀의 행동을 비난하기도 하는데 그러면 자녀는 심리적으로 더 위축됩니다.

부모의 입장에서는 '친구가 책을 그냥 가져가는데 왜 말을 못 하는 건가?'라는 생각을 할 수 있습니다. 이 아이는 착한아이 콤플렉스를 가지고 있을 것 같습니다. 좋은 사람이고 싶고, 그런 이미지를 유지하고 싶어 거절하지 못하거나 화를 참기만 하는 사람을 착한아이 콤플렉스를 가지고 있다고 합니다. 착한아이 콤플렉스가 있으면 학교생활을 착한아이처럼만 하는 경우가 있습니다. 그런데 이 아이의 경우는 집에 와서 울면서 화를 냈다고 하는 것을 보니, 자신의 이미지가 싫어진 것 같습니다. 그리고 착한 이미지를 유지하기 어렵기 때문에 힘들기도 할 겁니다. 이런 힘든 상황에서는 두 가지 방식으로 대처할 수 있습니다.

하나는 소극적인 대처 방식입니다. 지금처럼 착한아이 이미지로 사는 것입니다. 이 아이의 경우는 학교생활이 9개월 정도 남았습니다. 조금만 더 참고 지내라고 조언할 수 있습니다. 대신 집에서는 자신의 착하지 않은 본능을 발휘할 수 있도록 해 주어야 합니다. 지금처럼 울면서 화내기, 소리지르기 등의 행동을 허용해 주어야 합니다. 그러면 학교에 가서 다시 착한 아이처럼 행동할 수 있는 에너지를 조금은 얻을 수 있습니다. 아이들은 보통 소극적인 대처 방식을 선택하는 경향이 있습니다. 그것은 지금처럼 삶을 살면 되기 때문에 그렇습니다. 소극적인 대처 방식을 선택했다고 야단을 치면 안 됩니다. 새로운 것을 시도하는 것은 어려운 일입니다. 그러니 집에서는 아이의 마음을 편들어 주시고, 성질을 부리더라도 받아주는 게 좋습니다.

다른 하나는 적극적인 대처 방식입니다. 이 방식은 아이를 연습시키는 것입니다. 아이에게 '인간은 완벽하게 착한 존재가 될 수 없다'는 것을 알려주고, 거절하는 방법, 자신의 요구 사항을 친구들에게 요청하는 것 등을 알려주어야 합니다. 부탁을 거절하거나 본인의 의사를 분명하게 표시하는 것이 그 자체로 착하지 않은 것이 아니며, 장기적인 대인 관계에서 훨씬 좋은 방식이라는 것을 알 수 있도록 해야 합니다. 특히, 집에서 연습할 것은 "싫어", "No"와 같은 말입니다. 예의 있으면서도 분명한 거절의 방법을 지도해 주어야 합니다.

제 아이는 중학교때 가수를 하고 싶다고 오디션 프로에 나가려고 했었어요. 저나 남편은 아이가 오디션 프로에 나가는 것을 반대했어요. 남편은 아이를 강하게 키워야 한다고 생각합니다. 권위적이고 강압적으로 아이를 대하는 부분이 많이 있어요. 오디션에 참가한다고 했을 때는 아주 심하게 야단을 치기도 했습니다. 그때 이후부터 아이가 살이 찌기 시작했습니다. 1년 사이에 몸무게가 20kg 정도 늘었습니다. 아이는 매일 아파해요. 과호흡으로 기절도 하고 응급차에 실려서 병원에 간 적도 있습니다. 의사 선생님들은 아이에게 이상이 없다고 하고, 심리치료를 받아보라고 합니다. 아이는 매일 '아프다', '살기도 싫고 죽었으면 좋겠다'라고 합니다. 저랑 남편은 이제 오디션에 참가해도 된다고 하는데 지금은 자기가 싫다고 합니다.

배가 아프거나 머리가 아파서 병원에 갔는데 의사 선생님께서 '별이상이 없습니다. 신경성입니다.'라고 이야기 했을 때가 있을 겁니다. 이것을 '신체화somatization'라고 합니다. 신체화는 우리가 흔히 이야기하는 꾀병과 비슷하지만 다른 것입니다. 이것은 마음이 힘든 것을 몸으로 표현한 것이라고 보면 됩니다. 이 아이 마음의 상처가 몸으로 드러난 것이라고 보면 됩니다.

　마음이 아픈 것을 왜 몸으로 표현하게 되는 것일까요? 이 아이는 '가수가 되는 것', '오디션에 참여하는 것'이 강렬한 욕구였을 겁니다. 그런데 가족들 모두 자신이 하고 싶은 것을 못하게 했습니다. 자신의 마음을 아무도 알아주는 사람이 없었습니다. 자신의 꿈도 사라지고 자신을 이해해주는 사람도 없는 상황에서 외롭고 힘든 마음을 호소할 곳이 없습니다. 이 아이는 외롭고 허전한 마음에 음식을 많이 먹었을 겁니다. 음식을 많이 먹는다고 허전한 마음이 채워지지는 않습니다. 그럼 음식을 더 먹게 되지요. 그 결과로 몸무게가 20kg이나 늘어난 것이겠지요. 이 아이는 마음의 힘든 상황을 몸으로 표현하면서 몸과 마음의 균형이 깨졌습니다. 과호흡이라는 증상은 이 아이가 만들어냈다고 보면 됩니다. 현실치료 상담가인 글래써Glasser는 하고 싶은 일이 좌절되었을 때 인간은 '고통'을 '선택'한다고 했습니다.

부모가 다시 오디션을 보라고 했음에도 이 아이가 오디션을 보지 않겠다고 했습니다. 이 아이는 확실하게 믿을 수가 없을 겁니다. 다시 시작했다가 또다시 부모가 안 된다고 하면, 또는 자신이 오디션에 불합격하게 되면, 지금도 힘든 상황인데 더 힘들 것이라고 생각합니다. 한번 상처를 받으면 다시 회복하는 데는 시간이 걸립니다. 우리 신체도 상처가 나면 회복하는 데 시간이 걸리듯 말입니다. 부모 자녀 사이의 신뢰도 마찬가지입니다. 다만, 지금은 시간이 흐르기를 기다릴 수만은 없고, 부모가 아이의 심리적 상태를 같이 얘기하고 받아주어야 합니다. 부모는 아이가 원하는 것을 해주는 것이 필요합니다. 부모보다 다른 가족, 예를 들어 형제자매에게 더 많은 이야기를 한다면 그들도 적극적으로 도와야 합니다. 따로 시간을 내서라도 이야기를 하게끔 해주어야 합니다. 그리고 이야기를 듣는 도중에 판단하지 말고 그냥 있는 그대로 들어줘야 합니다. 그래도 아이의 상태가 걱정이 된다면 의사 선생님의 말씀대로 상담사를 찾아가는 것도 좋은 방법입니다. 어른들도 가끔 어떤 일을 하기 싫거나 하면 머리가 아프거나 배가 아프거나 할 때가 있습니다. 그런 상태가 조금 심각해지는 것이라고 보면 됩니다. 부모는 '왜 우리 아이에게만 이런 일이 일어날까'라고 생각하기 보다는 아이가 성장하면서 겪는 일이라고 생각하면 더 좋을 것 같습니다.

제 아이는 공부도 잘하고 예의도 바릅니다. 그런데 고등학교 3학년이 되면서, 시험 기간만 되면 제게 짜증을 많이 내서 제가 많이 힘듭니다. 기말고사 기간에는 아이가 짜증 내고, 화 내고, 혼자 울고 했습니다. 사춘기도 아닌 것 같고, 그 힘들다는 중2도 그냥 잘 넘어갔는데 왜 이러는지, 제가 어떻게 해 주어야 아이가 괜찮아질지 모르겠습니다. 제가 지금 아이에게 해줄 수 있는 것이 무엇일까요?

아이가 시험 기간에 짜증을 내면 어머니 입장에서는 '자기 공부하는 거지, 내 공부도 아닌데 왜 나한테 짜증이야'라는 생각이 들 수 있습니다. 질문한 이 어머니는 여유가 있으신 분입니다. 왜냐하면 아이가 짜증과 화를 내고 있는데 아이에게 무엇인가를 더 해주려고 하기 때문입니다.

　지금 고3 아이를 둔 어머니들은 이 얘기에 많이 공감할 겁니다. 이 시기에 아이들이 부모에게 짜증을 냅니다. 버릇이 없거나 부모를 업신여긴다거나 그런 것이 아니라, 부모에게 짜증을 낸다는 것은 그만큼 자신의 어떤 감정에 대해 표출을 하는 것이기 때문에 다행이라고 여겨야 합니다. 고3들은 여기저기에서 많은 압박을 받고 있습니다. '마지막 기회', '마지막 기말고사'라는 말도 많이 듣고요. 어떤 아이는 자신도 충분히 알고 있고 무척 긴장하고 있는데 부모와 교사가 '마지막'이라는 소리를 하면 듣기도 싫다고 합니다. 3월부터 또 그 이전부터 지금까지 압박감으로 달려온 아이들이니 짜증 수준에서 그치는 것이 어쩌면 다행인 것입니다. 어쨌든 짜증을 내는 이유는 불안한 것이고, 편한 상대인 부모에게 그런 불안을 짜증이라는 방식으로 표출하는 것입니다.

감정을 표출하는 것이 좋기는 합니다만, 화, 짜증, 분노와 같은 부정적인 감정을 자꾸 표현하면 주변 사람들이 힘듭니다. 부정적인 감정은 가지지도 않고 표현하지도 않는 것이 제일 좋습니다만, 그것은 가능하지 않은 이야기입니다. 그러니 부정적인 감정을 알고, 그 감정을 언어로 표현하는 방법을 알려주는 것이 좋습니다. 표현하지 않고 무작정 화를 많이 참다보면 의외의 방식으로 그 감정이 표출될 때가 있습니다. 갑자기 아무것도 아닌 일에 감정이 폭발한다든지, 타인에게 자신의 감정을 표현하지 못해서 자기 자신을 자해한다든지 하는 방식으로 드러날 때도 있습니다.

감정을 언어로 표현하는 것은 어렵습니다. 부모가 먼저 연습을 많이 해서 자녀에게 표현하다 보면, 자녀도 자연스럽게 자신의 감정을 언어로 표현할 것입니다. 질문한 어머니도 아이가 화가 나서 어머니에게 짜증을 부렸는데, 그때 바로 어머니가 '네가 어떻게 엄마에게 화를 낼 수 있니?'라고 얘기하면 곤란합니다. 시간을 두고 얘기하는 것이 필요합니다. 이 아이도 어머니에게 짜증을 내고 나서 기분이 좋지 않을 것입니다. 얼마 전까지 어머니에게 예의바르게 잘 해왔다고 하니까, 더 기분이 안 좋은 건 아이입니다. 짜증을 내고 난 뒤 적어도 2~3시간 이상이 지나고 나서, 대화를 해보는 것이 좋습니다. 참고로 2~3시간 정도가 좋습니다. 직후에는 서로 감정이 사나울 수 있고, 하루나 이틀, 일주일 뒤에 이야기를 하게 되면 그날의 일을 이미 잊었을 가능성이 큽니다. 2~3시간 지나고 난 뒤에, 차분한 분위기를 만든 다음 아이에게 '엄마는 네가 원하는 것을 얘기하면 너에게 맞춰줄 수 있어. 그러니 다음에는 원하는 것을 그냥 얘기해주면 좋겠어. 화를 내면서 얘기를 하면 네가 원하는 것이 무엇인지도 모르겠고, 나도 화가 날 때가 있어.' 정도로 이야기 하면 됩니다. 이것을 '나 전달법'이라고 합니다. "네가…"로 시작해서 상대방의 행동이 잘못 되었다고 판단하는 말하기가 아니라, "나는…"이라고 시작해서 그 상황에 대한 본인의 마음과 본인이 원하는 것을 전달하는 방식이지요.

나 전달법 (자기 표현법)

- 나 전달법: 자신의 감정을 밝히고, 피드백을 주고 받으며, 행동의 변화를 유도하는 효과적인 의사소통 기술.
- 나를 주어로 하여 자신의 의사와 감정을 전달하는 방법

나 전달법의 절차

1. 자신의 감정을 파악한다.
2. 감정을 유발시킨 원인을 파악한다.
3. 자녀에게 원하는 바를 파악한다.
4. "너의 ~한 행동으로 인해 나는 ~한 (느낌)이 든다."는 형식으로 진술한다.
5. 자녀의 행동 변화를 제안, 요구, 주장하는 내용을 "나는 네가 ~하는 게 좋더라" 같은 형식으로 진술한다.

04

대학교

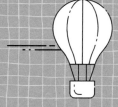

제 아이는 공대에 입학을 했는데 자신과 적성이 맞지 않는다며, 자퇴를 했습니다. 학교를 그만둔 지 한 달 정도 되었고, 집에서 매일 게임만 하고 있습니다. 어느 날 아침에 아이 방에 들어가니까 게임하다 좋았는지 책상에 엎드려 자고 있었어요. 그 모습을 보니 정말 아이가 한심하게 느껴졌어요. 그리고 아이의 등을 손으로 짝 소리가 나게 치고 싶은 마음이 있었어요. 하지만 참았습니다. 지금 아이를 보고 있으면 가슴이 답답합니다. 제가 아이에게 어떻게 해 주어야 하는 것일까요? 이런 아이의 모습도 이해를 해야 하는 것일까요?

아이의 등을 때리지 않기를 잘하셨습니다. 학교를 그만둔 아이는 힘든 상황일 겁니다. 아이 스스로 학과가 마음에 들지 않는다고 자퇴를 했는데요. 이 아이는 독립적이고 주도적인 성향을 가지고 있는 것 같습니다. 자신이 싫어하는 것에 대해 분명한 의견을 표현하고, 행동으로 옮기기까지 했으니까요. 그렇지만 안타깝게도 좋아하는 것, 잘하는 것은 아직 찾지 못한 상태 같습니다.

게임을 하면서 시간을 보내고 있는 것이 이 아이의 유일한 기쁨으로 보입니다. 친구들과 같이 놀기에는 친구들은 대학 생활을 하기에 바쁘니까 이 아이하고 놀아줄 시간 없을 것입니다. 게임을 당장 그만두기엔 어렵고, 이렇게 지내는 시간이 아이가 원하는 것을 찾기 위해서 준비하는 시간이라고 보면 좋겠습니다.

적성 찾기의 어려움과 부모의 지지

이 어머니가 아이의 자퇴를 허락하신 것을 보면 아이의 의견을 존중해 주는 분 입니다. 아이가 '자퇴'라는 결정을 내릴 수 있는 힘은 어머니가 그동안 아이에 대한 지지를 주셨기 때문이겠지요. 아이는 '자아정체감identity'을 찾는 중요한 시기를 보내고 있습니다. 자아정체감이란 '나는 누구인가?', '나란 존재는 무엇인가?' 즉, 자신에 대한 의미, 자신의 삶에 대한 의미 등에 대한 답의 실마리를 찾아서 자신의 자아상을 가지는 것을 뜻합니다. 에릭슨Erikson은 청소년기는 자아정체감을 획득하기 위한 시기라고 합니다. 그는 청소년기에 자아정체감을 획득하지 못하면 평생 동안 자아정체감을 획득하기 위해 노력한다고 합니다.

이 아이의 모습이 답답해서 부모가 뭐라도 시키고 싶겠지만 성급하게 무엇인가를 시키거나 강요하게 되면 이 아이도 마음이 급해져서 자아정체감을 찾지 못한 채로 대충 아무거나 시작할 수 있습니다. 어머니가 시키는 일을 무작정 시작하면 잘하지도 못하고 재미도 없고 해서 그만두고 싶어질 수 있습니다. 그러면 아이는 스스로 자신이 능력이 없는 사람 같고, 부모는 부모대로 아이가 근성도 없다고 생각할 가능성이 큽니다. 정말 아이를 도와주고 싶다면 아이의 적성에 안 맞아서 학교를 그만두었으니까, 이 아이의 적성을 찾아주기 위해서 함께 노력하는 것이 좋습니다.

적성은 쉽게 찾을 수 있다면 좋겠습니다만, 어떤 아이들에게는 적성을 찾는 것이 가장 어려운 일일 수 있습니다. 그런 아이들은 적성검사를 해보는 것이 좋습니다. 검사만 하는 것이 아니라 검사 전문가에게 검사에 대한 해석도 같이 들으면 좋습니다. 어떤 검사의 결과이든 객관적인 점수로 나타나니까 자기 자신에 대해서 생각을 더 해볼 수 있고, 자신이 몰랐던 장점과 단점에 대해서도 새롭게 알 수 있습니다. 부모도 객관적인 지표를 보고 아이의 새로운 재능을 보게 될 수도 있습니다.

저는 대학교 1학년인 학생입니다. 제 고향은 경주입니다. 얼마 전에 추석이어서 고향에 다녀왔습니다. 경주는 지금(2016년) 지진으로 많이 어수선합니다. 저희 집도 거울이 깨지고 집이 흔들렸습니다. 부모님께서 걱정도 많이 하시고, 저도 걱정이 많이 됩니다. 지금은 학교에 다녀야 해서 경주를 떠나왔지만, 불안함이 멈추어지지 않아요. 길을 걷다가도 차 경적 소리가 나도 깜짝 놀라고, 공사를 하는 곳이면 멀리 돌아가기도 합니다. 다른 친구들은 그냥 잘 다니는 것 같은데 저만 이렇게 불안해하면서 학교를 다니는 것 같아요. 다른 친구들에게는 창피해서 얘기도 꺼내지 못하고 있습니다. 제가 어떻게 해야 불안함에서 벗어날 수 있을까요?

지진으로 인해 많은 분들이 불안해하고 있을 거라고 생각합니다. 지진은 우리나라에서 없었던 위험이어서, 불안이 더 클 것입니다. 불안해하는 것이 당연한 상황이지요. 그러나 조금 다르게 생각해보면 이 불안은 생활하는 데 불편하기는 해도 꼭 나쁜 것은 아닙니다. 우리가 불안을 느끼는 것이 생존에는 더 유리합니다. 예를 들어, 지진의 진동이 있음에도 불안을 느끼지 않는다면, 별것 아니라고 생각해서 전혀 도망갈 생각을 하지 않을 것입니다. 그런 의미에서 불안은 생존을 위해 꼭 필요한 것입니다.

어느 정도의 불안을 느끼는 것은 필요하다는 겁니다. 다만 이 불안이 심해질 경우가 있습니다. 신경증적 불안이라고 하는데요. 이 신경증적 불안은 일상 생활을 하는 데 큰 어려움을 느끼게 하는 정도입니다. 자기가 혼자 길을 가는데 누군가가 자기를 죽이려고 하는 것 같다든지 지금 잠을 자면 영원히 깨지 않고 죽을 것 같다든지 등, 죽음에 대한 두려움이나 공포가 일상생활에 적응하지 못하게 하는 것입니다. 흔히 이야기하는 불안장애도 여기에 속한다고 보면 됩니다.

불안이 높아져서 일상 생활에 적응하지 못하면 어떻게 해야 할까요? 불안이 높은 사람에게 자주 사용되는 방법을 알려드립니다. 먼저, 이완훈련을 할 필요가 있습니다. 이완훈련은 호흡법, 명상법 등을 생각하시면 됩니다. 그 다음 불안위계목록을 만들어서 적용하는 방법이 있습니다. 먼저 자신이 생각할 때 가장 불안한 것을 정합니다. 그리고 수치로 표시합니다. 가장 불안한 것은 100이고 가장 편안한 것은 0입니다. 그 다음으로 불안한 상황을 생각하고 또 수치로 표시합니다. 그렇게 해서 불안위계목록을 만듭니다(예시 참조). 그리고 불안 수치가 가장 낮은 상황부터 상상해 봅니다. 약한 지진이 발생한 것이 불안 수치가 낮은 것이었다면 그와 같은 상황을 상상하고 피하는 방법을 상상해봅니다. 지진대피 매뉴얼이 필요하다는 생각이 들겠지요. 그럼 지진대피 매뉴얼을 익힙니다. 그런 다음 상상을 이어가는 것입니다. 지진대피 매뉴얼을 알고 있고, 그 매뉴얼대로 피하고 있는 자신을 상상하면서 지진이 와도 자신이 피할 수 있다는 생각을 가지게 되면 일상생활에서의 불안이 줄어들 것입니다.

불안위계 목록 예시

	목록	불안 수치
1	물건 떨어지는 소리	10
2	친구가 소리지르는 것	15
3	차 경적소리	40
4	공사장 소음(장소)	55
5	땅이 흔들리는 느낌	65

* 가장 불안한 것: 불안 수치 100
  가장 편안한 것: 불안 수치 0
* 이용 방법
  1. 불안위계 목록을 완성한다.
  2. 불안한 상황에서 해결(대피)할 수 있는 방법을 찾아본다.
  3. 가장 수치가 낮은 불안한 상황을 상상하면서 해결하고 있는
     자신을 상상한다.
  4. 그 다음 수치가 높은 불안으로 상상을 이어간다.

제 아이는 자기가 원하는 대학, 학과에 입학을 했습니다. 가족 모두 기뻐했습니다. 그런데 얼마 전에 아이가 대학을 그만두고 싶다고 합니다. 제가 무슨 일이 있냐고 물어보니, 학교 공부도 자기가 생각한 것과 다르고, 선배들도 힘들게 한다고 하고, 친구들도 자기랑 성격이 안 맞는다고 합니다. 저는 아이가 한 번 투정부리는 것이라고 생각했습니다. 어제는 아이가 울고불고하면서 그만두고 싶다고 합니다. 무슨 일이 있냐고 물어도 대답도 안하고 학교만 그만둔다고 하니 답답합니다.

대부분은 부모들은 자녀가 대학에 입학하면 어느 정도 안심을 합니다. 이제 성인이니까 '자기 일은 알아서 하겠지'라는 생각도 합니다. 그런데 실제로 대학에 입학해도 부모로부터 완전히 독립하기는 어렵습니다. 지금처럼 아이가 대학을 그만두느냐의 문제를 고민한다면 부모의 역할이 더 커지기도 합니다.

부모는 고등학교 시기에 힘들게 공부해서 대학에 입학했는데 그만두려고 하는 자녀를 이해하기 어려울 것입니다. 2015년 기준 대학 중도탈락률은 7.4%(2015년 전국 대학생 중도 탈락 현황, 교육부)입니다. 약 10명 중의 1명이 되려고 하는 기준입니다. 대학생을 상담하다 보면, 현재 자신의 학과가 마음에 들지 않아서 학교를 그만두려고 하는 학생이 많이 있습니다. 2014년 3월에는 연속 3주 동안 대학 자퇴를 결정하는 3명의 학생들을 만나기도 했습니다. 생각보다 많은 학생들이 학교를 그만두려고 한다는 것이지요. 질문한 어머니의 자녀만 문제가 있어서 대학에 적응을 못하는 것이 아니라 대학 안에서의 문제도 있습니다.

이 아이를 지도하기 위해서 어머니는 이 아이에게 무슨 일이 있었는지 알아야 합니다. 어머니는 대화를 시작해야 합니다. 대화를 시작하면, '무슨 일이 있어도 엄마는 네 편이다', '네가 무슨 결정을 내리든 엄마는 너의 결정을 존중하겠다'라고 얘기를 해 주어야 아이가 말할 용기를 가집니다. 이런 마음으로 대화를 시작해야 합니다. 어머니가 '다니던 대학을 그만두면 안 되는데'라는 마음으로 대화를 시작하면 아이가 대화를 시작하지 않을 겁니다. 어머니가 두려워하는 것은 아이가 대학을 그만두는 것일 텐데요. 만약에 어머니가 아이의 얘기를 듣고 보니, 정말 그럴만한 사정이면 그만두는 것도 하나의 방법이라고 생각합니다. 다만 학교를 그만두기 전 한 학기 다녀보고 결정을 하게 하면 좋습니다. 한 학기 다니고, 휴학을 해도 괜찮고요. 그 대학에 학점교류제가 있다면 다른 학교에 가서 한 학기 공부를 할 수도 있습니다. 이런 정보를 자녀와 함께 찾아보거나 알려준 뒤 아이의 결정을 존중해 주는 것이 좋습니다.

제 아이는 집에서 가까운 국립대에 입학을 했습니다. 얼마 전에 아이와 아주 심하게 싸웠습니다. 이유는 아이가 친구네 집에서 자고 온다는 거였어요. 다른 친구들은 다 외박을 허락받았다면서 자기도 친구네 집에서 자고 온다는 겁니다. 저랑 남편은 잠은 무조건 집에서 자야 한다고 했어요. 저랑 남편은 아이의 친구네 집으로 가서 아이를 데리고 왔습니다. 아이는 '왜 자기를 안 믿어 주냐?', '자기가 그동안 부모 말 안 들은 것이 있느냐?'라는 말을 하면서 제게 뭐라고 합니다. 싸운 이후로 아이와 저는 냉전 중입니다. 제가 대학생인 아이를 어떻게 지도해야 하는 것일까요?

아이가 어머니에게 서운해하고 어머니도 아이에게 서운한 것이 있는 것 같습니다. 어머니는 아이가 대학에 입학했다고 부모에게 예의 없게 구는 것으로 느낄 것이고 아이는 이제 막 대학 새내기가 되었는데, 외박하고 친구들과 놀러 다니는 것을 본인의 부모만 무조건 막고 있는 것으로 느낄 것 같습니다.

이 아이의 성향을 보면, 친구를 아주 좋아하는 유형인 것 같습니다. 이 아이는 고등학교 내내 친구들과 노는 것을 참았을 겁니다. 이와 달리 친구들과 노는 것을 안 좋아하는 성향을 가진 아이도 있습니다. 이 아이들은 어렸을 때 친구 집에 놀러가는 것을 좋아하지 않고, 잠자리가 바뀌는 것은 더 싫어합니다. 이 성향의 아이들은 중, 고등학교 때 수학여행도 싫어합니다. 그러면 이 유형 아이의 부모는 우리 아이가 친구가 없는 것은 아닐까하고 걱정을 합니다. 이 얘기는 모든 성향에는 일

장일단이 있다는 것입니다. 질문하신 어머니의 아이는 친구관계가 아주 좋은 것 같습니다. 이것이 이 아이의 생활에 많은 장점이 될 것입니다.

　　다만, 이 어머니는 성인이 된 아이에 대한 교육의 기준을 다시 세울 필요가 있습니다. 어머니는 아이와 같이 살고, 경제적인 지원도 지속적으로 해주기 때문에 아이에게 완전한 독립을 보장해줄 수는 없을 겁니다. 그리고 아이도 부모에게서 완전한 독립을 한 것이 아니기 때문에 부모에게 무조건 요구만 해서도 안 됩니다. 서로 새로운 기준을 만들어야 합니다. 대학생으로서 용돈은 어떻게 할 건지, 용돈을 받았으면 집안일을 어느 정도 도울 것인지, 귀가 시간은 어떻게 할 것인지, 친구 집에서 자려고 할 때는 적어도 하루 전에 허락을 받고 그 친구 전화번호를 알려줘야 한다든지 등등의 기준을 세우는 것이 좋습니다.

제 아이는 고등학교 때 성적이 좋았지만 집 근처에 있는 국립대에 가라고 제가 그랬고, 아이도 괜찮다고 했습니다. 아이는 대학생활을 잘 하고 있고, 저와 아이는 즐겁게 생활하고 있습니다. 그런데 명절에 친척들이 와서 제 아이에 대해 걱정을 하는 겁니다. 친척들은 지방에서 대학 나와서 어떻게 하느냐? 빨리 공무원시험 준비해라, 자격증은 무엇이 있냐?하면서 걱정을 하는 겁니다. 저는 처음에는 친척들이 하는 말이 듣기 싫었는데, 듣다보니 맞는 말 같기도 하더군요. 어느새 제가 아이에게 취업 준비하라고 잔소리를 하고 있었습니다. 저도 제가 왜 그런 말을 했는지 모르겠어요. 친척들의 걱정스런 말을 들어도 아이에게 잔소리하지 않는 모습을 보여주고 싶습니다.

어머니와 아이의 관계가 아주 좋은 것 같습니다. 그런데 친척들의 걱정으로 인해서 부모자녀 사이에 갈등이 생긴 것 같습니다. 친척들이 아이의 취업을 걱정하면서 지금 준비를 하지 않으면 큰일이 있을 것처럼 이야기를 하면 부모 입장에서는 신경을 쓰게 되지요. 부모는 자녀의 미래에 대해 비관적인 이야기를 듣게 되면 평정심을 유지하기가 어렵습니다.

어머니는 중요한 기준을 세우셔야 합니다. 자신의 평상시의 생각을 유지할 것인지 또는 친척들과의 대화에서 얻은 정보를 아이에게 전달해 줄 것인지에 대한 생각을 정리해야 합니다. 친척뿐 아니라 주변 어른들도 마찬가지겠지요. 부모의 이런 기준이 없으면 친척들의 말에 자녀들이 상처를 받을 가능성이 큽니다. 명절에 자녀들의 심리적인 부분을 보호해주는 방어막 같은 것을 마련해 주는 것이 필요합니다.

친척들의 걱정은 아이에게 아무런 도움이 되지 않습니다. 그러니 평상시대로 아이와 지내는 것이 좋습니다. 친척들의 말에 아이가 상처를 받을 수 있습니다. 친척들로부터 자녀를 보호하려고 했는데, 미처 보호를 하지 못한 부분들은 나중에 아이와 친척들에 대한 뒷담화를 하시면 됩니다. 우리가 뒷담화를 부정적으로만 보면 안됩니다. 아이와 같이 뒷담화를 하면 스트레스도 해소가 되고, 기분을 좋게 해주는 호르몬옥시토신도 분비가 됩니다. 이 뒷담화를 소극적 공격이라고 하는데요. 이것을 통해 내 안에 있는 공격성도 어느 정도 해소하게 됩니다. 명절이 지나고 나서 아이와 함께 카페에서의 수다를 적극적으로 권하고 싶습니다.

48 반려견이 무지개 다리를 건넜어요 (대학교 2학년)

얼마 전에 저랑 15년을 같이 살았던 강아지 '예삐'가 무지개 다리를 건넜습니다. 처음에는 마음의 준비를 많이 하고 있어서 괜찮을 것이라고 생각했는데 실제 겪게 되니까 더 많이 힘이 듭니다. 그래서 기말고사 기간에 시험 공부도 못하고, 시험도 제대로 못 봤습니다. 당연히 성적은 좋지 않게 나왔습니다. 친구들은 무슨 일이 있냐고 묻는데, 저는 아직 예삐의 죽음을 누군가에게 말하는 것이 두렵습니다. 예삐의 죽음에 대해 말하는 것이 예삐의 죽음을 인정하는 것 같고, 제가 예삐를 잊어버리는 것 같아서 말을 하지 못하겠습니다. 제가 언제까지 예삐의 죽음을 슬퍼해야 하는지, 제가 언제 정신을 차려서 공부를 하고 취업 준비를 해야 하는지 잘 모르겠습니다. 지금은 제가 우울증 상태인 것 같습니다.

15년을 같이 살았던 반려동물이 죽었다면 슬픔의 정도가 아주 클 것입니다. 질문한 분도 일상 생활을 하기 힘들어하는 것을 보니 심각한 상태인 것 같습니다. 시험도 못 봤고, 성적도 나쁘고, 친구들에게 얘기도 못하고, 현재 아무것도 못하고 있는 상태로 보여지니 심각한 상태가 맞는 것 같습니다. 이 반려동물과 형제, 자매와 같은 수준으로 함께 일상 생활을 했다고 보면 됩니다. 일상생활을 같이 공유하는 것이 많을수록 애정이 많이 생길 수밖에 없습니다. 그런 존재가 사라졌으니, 우울한 것은 어쩌면 당연한 것일지도 모릅니다. 같은 공간에서 생활을 했었는데 갑자기 사라졌으니, 그 공간에서 빈 자리를 느낄 때마다 공허감이 더 클 수밖에 없습니다.

반려 동물과의 이별을 잘 다루어야 하는데, 이것을 애도라고 합니다. 반려 동물과 이별을 잘 하기 위해 공간에서의 빈자리를 느낀다고 이사를 가기에는 현실적으로 어려움이 많습니다. 다른 방법을 시도해 보는 것이 좋겠습니다. 행동주의 이론에 근거한 체계적 둔감법을 사용하면 좋을 것 같습니다. 체계적 둔감법은 먼저 슬픔 위계목록을 만듭니다. 가장 슬프지 않은 상태에서부터 가장 슬픈 상태의 목록을 만드는 겁니다. 그리고 슬픔의 정도를 숫자로 표시하게 합니다. 가장 슬픈 것은 100이고 슬프지 않은 것은 0입니다. 예를 들어, ① 사진보기 30, ② 동영상 보기 40, ③ 장난감 정리하기 55, ④ 예삐가 있었던 장소 정리하기 65, ⑤ 친구에게 말하기 80으로 목록을 만듭니다. 예시를 참고하면 좋겠습니다.

슬픔위계 목록을 만들고 실제로 해 봅니다. 슬픈 상태 1인 사진보기를 일주일 동안 합니다. 일주일 동안 하루에 30분씩 강아지 사진만 보는 겁니다. 처음에는 눈물도 나고, 슬프기도 하고, 보고 싶기도 하다가 시간이 지나면서 조금은 덤덤하게 사진을 볼 수 있게 됩니다. 두 번째 주는 동영상을 30분씩 보는 겁니다. 세 번째 주는 장난감을 정리하

슬픔위계 목록 예시

목록		점수
1.	사진 보기	30
2.	동영상 보기	40
3.	장난감 정리하기	55
4.	있었던 장소 정리하기	65
5.	다른 사람에게 말하기	80

는 것입니다. 네 번째 주는 예삐가 있었던 장소를 정리하는 것이 좋습니다. 그리고 다섯 번째 주는 친구들에게 자신의 감정과 예삐의 죽음에 대해 말하는 것을 해보는 겁니다. 마지막 주에 덤덤하게 예삐의 죽음과 자신의 감정 상태에 대해 말하고 있는 자신을 발견하게 될 것입니다. 실제로 이 과정을 한 A라는 학생이 있었습니다. A는 반려견의 죽음에 대해 '강아지는 내 마음속에 살아 있어요. 죽음이 꼭 끝은 아닌 것 같아요.'라고 얘기했습니다. 이것이 '애도가 되었다'라고 정확하게 말하기는 어렵습니다만, 덤덤하게 다른 사람에게 예삐의 죽음에 대해 이야기할 수 있다면 이제 일상 생활을 할 수 있을 겁니다.

저의 고민은 공부를 하지 않아도 성적이 잘 나오는 것입니다. 지난 학기에도 공부를 전혀 하지 않았는데도 좋은 성적이 나왔습니다. 친구나 교수님들에게 는 이런 얘기를 할 수가 없습니다. 제가 이런 이야기를 하면 저를 비난합니다. 저는 고등학교 때도 공부한 것에 비해 성적이 좋았습니다. 이것이 고민인 이유 는 그러다보니 점점 공부를 하지 않기 때문입니다. 고등학교 때도 점점 공부를 하지 않다가 수능 때 망쳤습니다. 지금도 학기 성적은 좋다가 나중에 자격증 시험, 공무원 시험 때는 망칠 것 같다는 불안감이 듭니다. 그래도 학과 성적은 높은 편이니까 공부를 하지 않게 됩니다. 제가 어떻게 해야 공부를 할까요?

이런 고민을 가진 사람들이 드물게 있습니다. 이 고민은 다른 사람 에게 말하기 어려운 고민입니다. 이 고민을 이야기하게 되면, 다른 사람 에게 '건방지다', '잘난 척한다'라는 소리를 듣게 됩니다. 그러다보니 주 변 사람들에게 이야기를 할 수 없는 고민이 됩니다.

제가 상담했던 아이 중에 인지적으로 뛰어났던 아이가 있었습니 다. 그 아이는 논리적인 부분에 대해서 이야기할 때는 자연스럽게 이야 기를 했습니다. 그런데 자신의 감정, 정서, 느낌에 대해서 이야기를 하라 고 하면 어떤 것을 이야기해야 할지 몰라서 대답을 못하는 경우가 많 았습니다. 논리, 이성 쪽으로 많이 발달한 아이였습니다. 상담 중에도 계속 논리적으로 생각해서 답을 찾으려고 하는 경우가 많았습니다. 그 런데 일상 생활 속에서 논리로 설명 안 되는 부분도 있습니다. 그런 경우에 이 아이는 어려움에 부딪치게 되는 경우가 많았습니다. 상담을 통해서 우리의 삶에는 논리와 이성뿐만이 아니라 감정, 정서, 느낌이 중요하게 작용된다는 것을 알기 시작했고, 그것이 이 아이에게는 새로운 삶의 방식으로 작용했습니다. 질문자도 자신이 논리와 이성으로만 삶을 살아가는 것은 아닌지 생각해 보면 좋을 것 같습니다.

질문한 이 아이는 자신의 감정, 정서 상태에 대해 잘 모르고 있는 것 같습니다. 자신의 감정을 아는 것은 중요합니다. 공부를 안 해도 성적이 잘 나온 것에 대해 전혀 기쁜 감정은 없는지, 다른 사람에게 과시하고 싶은 마음은 없는지에 대해서도 확인할 필요가 있습니다. 공부를 하지 않아도 성적이 잘 나오면 영재 같기도 하고, 나에게만 있는 재능 같기도 하고 등등 여러 가지 복잡한 감정이 있을 수 있습니다. 그런 것에 대해 알아야 합니다. 다른 친구들이 하는 말에 신경을 쓰다가 자신의 감정을 잘 모르고 지나치는 경우가 많습니다. 혼자서 솔직하게 자신의 감정을 정리해 볼 필요가 있습니다.

자신의 상태에 대해 기록하다 보면 새로운 것을 알게 될 가능성이 있습니다. 어쩌면 일부러 열심히 하지 않은 것일 수도 있습니다. 열심히 하지 않으면서 자신이 좋은 성적을 받은 것에 대해 어떤 우월감을 느꼈을 가능성이 있습니다. 자기가치이론self-worth theory에서는 누구나 자기 자신을 가치가 있는 존재로 인식하려는 욕구를 갖고 있으며 자기 자신의 가치를 보존하기 위해 최선의 노력을 한다고 가정합니다. 이 이론에서는 학생들이 학업분야에서 긍정적인 자기존중감을 유지하기 위해 다양한 자기보호 전략을 사용한다고 합니다. 예를 들어, 실패 원인을 노력부족이라고 생각하는 것입니다. 노력했으면 성공할 수 있었다고 가정합니다. 실패의 원인을 노력부족이라고 생각하면 자기존중감이 손상되지 않습니다. 그래서 많은 학생들이 이러한 전략을 사용합니다.

질문한 아이도 비슷한 경우라고 생각합니다. 이 아이는 열심히 해도 더 좋은 성과가 없을 수 있다는 것에 대해 두려워하고 있습니다. 노력하지 않았는데, 좋은 성적이 나왔으니 '나는 대단해'라고 생각하면서 자기 존중감을 유지하고 있는 것입니다. 열심히 노력했는데 성적이 비슷하게 나오면 자기존중감이 낮아지게 될 것입니다. 이 고민을 하고 있다는 것은 이제 다른 방법으로 자기존중감을 높이고 싶다는 욕구가 생긴 것으로 보입니다. 대학생도 되었고, 성인으로서의 삶도 시작했으니 자기존중감을 높일 수 있는 다른 방법을 찾아보는 것이 좋겠습니다.

저는 불면증이 있습니다. 보통 잠을 자려고 침대에 누우면 3시간 정도 지나야 잠을 잘 수 있습니다. 어떤 때는 밤을 꼬박 새우기도 합니다. 친구들에게 물어보고, 인터넷에 잠을 잘 자는 방법 등을 찾아보니까 운동을 하면 잠을 잘 잘 수 있다고 해서 운동을 하기도 했습니다. 두세 시간 운동을 해도 잠을 잘 못자고 있습니다. 잠을 자기 전에 어떻게 해야 잠을 잘 수 있지? 하고 고민하기도 합니다. 여러 가지 방법을 써 보아도 잠을 자기 어렵습니다. 상담을 받으면 불면증이 없어지기도 하는지 궁금합니다. 저는 병원에서 수면유도제도 처방받아서 먹고 있습니다.

질문한 학생의 증상은 심각한 수준이라고 생각합니다. 잠을 못 자는 것은 힘든 일입니다. 다음 날 낮에 일정이 없어서 낮잠을 자면 괜찮을 수도 있지만, 지금 대학 3학년이니까 그러기도 힘들 테고요. 잠을 못자서 낮에 수업을 듣는다든지 다른 활동을 제대로 하지 못할 가능성이 큽니다. 더 심각한 것은 수면유도제를 먹어도 잠을 못 잔다는 겁니다.

수면유도제를 처방 받아서 먹게 되면, 잠을 너무 많이 자게 돼서 고민인 경우가 많습니다. 그런데 이 학생은 수면유도제를 먹어도 잠을 못 잔다고 합니다. 이 부분을 더 심각하게 볼 수 있습니다. 우리가 약을 복용하게 되면 특히, 심리와 관련된 약들은 플라시보 효과위약 효과라고 해서 약 효과가 더 잘 나타나는 경우가 있습니다. 이 학생은 실제 필요한 약을 먹으면서도 약효가 잘 나타나지 않으니 심각하게 볼 필요가 있습니다. 물론, 의사 선생님이 아주 극소수의 양을 처방했거나, 위약을 처방했다면 다르게 볼 수도 있습니다.

　이 학생이 궁금한 것은 약물치료를 받고 있는데, 상담을 받을 필요가 있는지와 상담을 받으면 효과가 있을지에 대한 것입니다. 불면증 외에도 몇몇 증상들은 정신과에서 약물을 처방받고, 상담소에서 상담을 병행하는 경우가 있습니다. 아니면 정신과 의사 선생님이 약물 처방과 상담을 병행해 주는 경우도 있습니다. 이 학생의 경우에는 상담 얘기를 하는 것 보니까, 의사 선생님이 상담을 권했을 것 같기도 합니다. 상담을 받으면 불면증에 효과가 있을 수 있습니다. 어서 상담받기를 권합니다.

　저의 상담실에 불면증으로 온 B가 있었습니다. B는 굉장히 소심하고, 자신의 과거에 대해 후회를 많이 하는 성격이었습니다. B는 밤마다 오늘 잘못했던 일, 창피했던 일, 사과해야 할 일 등을 생각했고요. 거기서 생각이 그치지 않고 초등학교 때 창피하고 잘못했던 일, 중학교 때 창피하고 잘못했던 일, 고등학교 때 창피하고 잘못했던 일 등에 대해 생각했습니다. 이런 생각을 잠자기 전에 하면 잠을 편히 자기 어렵습니다. 제가 B에게 물어봤습니다. 잠자기 전에 잘한 일은 무엇인지에 대해서는 생각하느냐고 말입니다. B가 대답을 못합니다. 안타깝습니다. 끊임없이 자기 자신을 학대하고 있었습니다. 제가 B에게 간단하게 숙제를 내 주었습니다. 매일 밤 아주 사소한 것이라도 감사한 것 10개 이상을 적는 감사 일기를 작성하라고 했습니다. 1주 뒤에 제가 검사도 한다고 했고요. 1주일 뒤에 만났을 때, 감사 일기를 확인했더니 열심히 작성을 잘해 왔습니다. 제가 잠은 어떻게 잤느냐고 질문을 하니 잠을 잘 잤다고 합니다. 자기 자신도 신기하다고 합니다. 감사 일기는 자신에 대해 감사한 점, 좋았던 것 등을 생각하게 하면서 기분 좋은 상태를 활성화시킵니다. 그러면 편안하게 잠을 잘 수가 있는 겁니다. 질문하신 학생도 감사 일기를 적어보시고, 그래도 불면이 계속된다면 상담을 받아보시길 바랍니다.

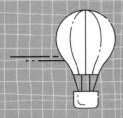

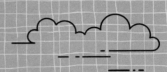

/ 빛나는 에듀케이션 /

부모·자녀를 위한 작은 상담 이야기

둘,

상담 이론으로
더 알아가는 말

1. 개인심리 이론

아들러의 개인심리 이론은 앞에서 간단하게 설명을 했습니다. Q1에서는 출생순위에 따른 성격의 차이에 대해 다루었고, Q32, Q36에서는 아들러가 바라본 인간관과 관련된 이야기를 다루었습니다. 이 장에서는 아들러의 인간관과 출생순위에 따른 성격에 대해 알아보고자 합니다. 그 다음 강점과 가치를 깨닫기 위해 '격려'를 연습하고자 합니다.

★ 인간관

아들러는 인간은 불완전한 존재로서 누구나 어떤 부분에서 열등감을 느끼지만, 이러한 열등감에 의해 동기화되고 열등감을 극복하여 나가면서 성장하는 존재라고 했습니다. 그는 인간은 선천적으로 열등감을 극복하고 우월해지고자 하는 욕구를 가진다고 보았습니다. 우월성의 의미는 자아실현, 자기완성의 개념과 비슷합니다. 그는 인간이 선천적으로 낮은 것은 높이고, 부족한 것은 채우고, 미성숙한 것은 성숙하게 하고자 하는 욕구를 가지고 태어난다고 믿었습니다. 그렇기 때문에 인간에게는 목표가 필요하고, 그 목표를 향해 미래로 나아가는 것이 건강한 인간이라고 했습니다.

아들러는 인간의 모든 행동에는 목적이 있다고 가정했습니다. 그리고 인간은 스스로 자신의 목표를 정하고, 그 목표와 관련되어 행동을 결정한다고 했습니다. 따라서 인간이 결정하는 목표가 아주 중요한데, 이 목표를 허구적 최종목적론fictional finalism이라는 개념으로 설명했습니다. 이것은 개인의 행동을 이끄는 허구 속의 목표라고 할 수 있습니다. 인간은 현실에서 검증되거나 확인될 수 없는 가상의 목표를 가지고, 그 것이 실현 불가능할지도 모르지만, 그 목표를 향해 나아가는 존재입니다. 이것이 인간의 행동에 대한 최종 설명이 될 수 있습니다.

★ 출생순위에 따른 성격

아들러는 출생순위에 따라서 성격이 다를 수 있다고 했습니다. 물론, 성격은 개인의 특성이므로 출생순위에 따른 성격 특성이 절대적인 것은 아닙니다. 출생순위 자체보다는 출생순위를 개인이 어떻게 지각했는지가 더 중요합니다.

첫째는 일반적으로 많은 관심을 받으며, 동생이 태어나기 전까지 모든 관심이 집중되므로 응석받이로 자라날 가능성도 있습니다. 의젓하고 열심히 일하며 앞에 나서려고 합니다. 첫째들은 동생이 태어나면서 큰 변화를 겪게 됩니다. 동생이 태어나면 자신이 좋았던 자리에서 쫓겨났음을 알게 되며 자신이 더 이상 독특하거나 특별하지 않다는 것을 알게 됩니다. 첫째는 새로운 인물이 '자신이 누리고 있던 사랑'을 훔쳐갔다고 믿을 수 있습니다.

둘째는 첫째와 입장이 다릅니다. 태어날 때부터 부모의 관심을 형제와 나누어 가져야 합니다. 둘째는 경쟁 속에 있고, 압박을 받는 상태에 있습니다. 둘째는 첫째를 이기기 위해 노력합니다. 첫째와 둘째의 경쟁적 투쟁은 둘의 이후의 삶에도 영향을 줍니다. 둘째는 첫째의 약점을 찾는 요령을 익히고, 첫째가 실패한 것을 달성함으로써 부모나 교사로부터 칭찬을 받으려고 노력합니다. 첫째가 어떤 영역에 재능이 있다면 둘째는 이 영역과는 다른 영역의 능력을 개발시킴으로써 인정받고자 노력합니다.

막내는 가족 내에서 아기로 있을 수 있는 영구적인 생활양식을 찾아냅니다. 또한 막내는 모든 가족구성원으로부터 많은 도움을 받습니다. 모든 형제들을 이기려고 하거나, 아니면 돌봄을 받으면서 자신이 소중히 여겨지는 대상이 되기를 기대하면서 아기로 남으려는 두 가지 경향 중 하나를 선택하고자 합니다.

외동은 첫째의 특징높은 성취동기을 가지고 있지만, 같이 자라는 형제가 없어 나누거나 협동하는 데 서툽니다. 때로 부모의 사랑을 과도하게 받아서 부모 중 한 사람 또는 부모 모두에게 의존적으로 매여 있을 수 있습니다. 항상 주인공이기를 원하며, 자신의 위치가 도전을 받으면 불공정하다고 생각합니다.

★ 격려

인간은 자신의 강점과 가치를 깨닫는 것이 중요합니다. 아들러는 이를 위해 격려가 중요하다고 합니다. 격려는 칭찬과 비슷하지만 인간의 존재 가치에 조금 더 초점을 맞추는 것입니다. 자녀를 올바로 격려할 수 있도록 몇 가지 연습을 해 보도록 하겠습니다.

지금까지 살면서 나를 가장 격려했던 사람을 떠올려 봅니다. 그분이 누구인지, 그분이 나를 어떻게 격려했는지 그때 받았던 격려의 말을 써 봅니다. 격려 받았을 때 느꼈던 기분도 써 봅니다.

 나의 격려 경험 기록지

나를 격려해 주었던 사람은 누구입니까?	어떻게 격려를 받았습니까? (격려의 말이나 행동)	격려를 받았을 때 나의 느낌은 어땠습니까?

 격려와 칭찬 구분하기

칭찬		격려	
외부적인 평가	"올 A 맞았어! 자랑스러워!"	성과에 대한 감정에 초점	"수학공부가 재미있나보다! 하나씩 알아내니까 재미있지?"
외부의 기준	"내가 하라는 거 다 했구나! 잘했어!"	자녀의 공헌과 상황에 대한 관리능력에 초점	"와, 방이 정말 깨끗한데! 도와줘서 고마워!"
결과에 대해 초점	"완벽한데! 끝내줘~!"	노력과 관심에 초점	"정말 열심히 연주했구나. 그 음악을 들으니 나도 노래하고 싶어지는데!"
보상과 체벌을 통한 인정과 애정표현	"어른들한테 참 예의바른 네가 사랑스럽구나"	조건 없는 사랑 (너의 행동이 아니라 너이기 때문에 사랑)	"너를 사랑해"
사람 자체에 초점	"훌륭한 요리사야!"	구체적인 행동에 초점	"오늘 닭요리 정말 맛있었어"

〈Adler Korea, 2012〉

2. 인간중심 이론

로저스의 인간중심 이론은 Q24, Q29, Q42, Q45에서 다루었습니다. 로저스의 인간관으로 자녀를 보고, 그에 맞는 대화를 하는 것이 좋다는 이야기였습니다. 이 장에서는 로저스가 바라보는 인간관에 대해 알아보고, 로저스가 중요하게 생각했던 대화공감적 이해, 수용, 진정성에 대해 살펴보고자 합니다.

★ 인간관

로저스는 인간은 본질적으로 신뢰할 수 있고, 스스로 자신의 문제를 해결할 수 있는 충분한 능력이 있으며, 태어날 때부터 자기잠재력을 실현하려는 경향성과 가능성을 가지고 있다고 했습니다. 로저스는 사람들은 기본적으로 선하고 성장하고자 하는 본성을 가졌다고 일관되게 주장하면서, 인간은 신뢰할 수 있고 잠재가능성이 많으며 자기이해와 자기지도적 능력이 있고 건설적인 변화를 일으킬 수 있다고 확신하였습니다.

로저스는 모든 인간은 본성적으로 자기를 보전, 유지하고 향상시켜서 자기를 실현하고자 하는 자기실현경향성을 가진다고 했습니다. 이 '자기실현경향성'이 모든 생명체가 가진 삶의 원동력, 생명의 원동력이라고 할 수 있습니다. 이것은 식물들이 건강하고 튼튼하게 자라기 위해서는 비옥한 토지, 적당한 물, 햇빛이 필요하고, 그것이 있으면 충분히 잘 자랄 수 있는 것처럼 사람도 충분한 환경이 제공되기만 하면 전인적이고 통합된 방향으로 발전할 수 있다는 것을 의미합니다.

자기실현경향성을 가진 사람이 자신의 잠재능력을 제대로 발휘하지 못하는 것은 '가치의 조건화' 때문입니다. 가치의 조건화란 현재의 자기 모습이나 자기가 원하는 미래를 위해 노력하면서 자신에게 의미 있는 가치를 추구하기보다 타인의 기대에 따라 행동함으로써 칭찬과 인정을 받는 것을 가치로 받아들이게 되는 상황을 말합니다. 예를 들어, 아이가 어떤 행동을 해서 부모에게 칭찬을 많이 받았다면 이 칭찬을 지속적으로 받고 싶어서 자신의 경험과 가치와는 무관하게 부모에게 칭찬받은 행동만 할 수 있습니다. 이런 경우 타인의 욕구를 충족시키는 방식으로 생각하고 느끼고 행동할 때만 가치 있고 사랑스럽다는 메시지를 경험하게 되어 자신의 자기실현경향성은 손상됩니다.

★ 대화기법의 실제

로저스는 인간의 자기실현경향성을 회복하고, 그 가능성을 제대로 실현하기 위해서는 공감적 이해, 무조건적 긍정적 존중수용, 진실성이 필요하다고 했습니다. 여기서는 자녀의 자기실현경향성이 손상되지 않도록 부모가 사용하면 좋은 공감적 이해, 무조건적 존중, 진정성을 연습하도록 하겠습니다.

1 공감적 이해 'empathetic understanding'

공감적 이해란 인간의 행동이나 말을 피상적으로 이해하는 것이 아니라 이면의 감정을 마치 자신의 감정인 것처럼 느끼면서 상대방의 경험 세계를 주관적으로 경험하는 것을 말합니다. 다음은 이장호와 금명자(2014)가 공감적 이해 반응을 연습할 때 기준을 마련하기 위해 제시한 공감적 이해의 5수준입니다.

❶ 수준1: 상대방의 언어 및 행동 표현의 내용으로부터 벗어나거나 내용에 주의를 기울이지 않기 때문에 감정 및 의사소통에 있어서 상대방이 표현한 것보다는 훨씬 못 미치게 소통하는 수준

❷ 수준2: 상대방이 표현한 감정에 반응은 하지만 상대방이 표현한 것 중에서 주목할 만한 감정을 제외시키고 의사소통하는 수준

❸ 수준3: 상대방이 표현한 것과 본질적으로 같은 정서와 의미를 표현하여 상호교류적인 의사소통을 하는 수준

❹ 수준4: 상대방이 스스로 표현할 수 있었던 것보다 더 깊은 감정을 표현하면서 의사소통하는 수준

❺ 수준5: 상대방이 표현할 수 있었던 감정의 의미를 정확하게 표현하거나, 상대방의 자기탐색과 완전히 같은 몰입 수준에서

상대방이 표현한 감정과 의미에 첨가하여 의사소통하는 수준

다음에 공감적 이해의 사례를 제시하였습니다. 각 사례마다 공감적 이해 수준에 해당하는 반응을 수준 1부터 수준 5까지 섞어서 제시하였습니다. 각 반응의 공감적 이해 수준이 어디에 해당하는지 알아봅시다(이장호 · 금명자, 2014).

보기 "여자(남자)친구한테 온 메시지를 저한테 허락받지도 않고 엄마 마음대로 보시면 어떻게 해요."

① "옛날 같으면 결혼할 나이지. 그러나 아직 그런 데에 신경 쓸 나이가 아니지 않니?" 4수준
② "엄마가 자식 메시지도 못 보면 어떻게 하니?" 2수준
③ "네 일은 네게 맡겨도 되는데 엄마가 좀 지나쳤구나." 5수준
④ "잘못인 줄 알면서도 걱정이 돼서 그랬다." 3수준
⑤ "못된 송아지 엉덩이에 뿔 난다더니 벌써부터 연애니?" 1수준

"우리 집은 왜 이리도 시끄러운지 모르겠어요. 집에서는 영 공부할 마음이 안 생겨요."

① "네가 공부할 때는 식구들이 좀 조용히 해 주었으면 좋겠단 말이지?"
② "좀 시끄러워도 참으면서 공부하면 되잖니?"
③ "뭐가 시끄럽다고 그러니? 공부하기가 싫으니까 핑계도 많구나."
④ "그래. 우리 집이 시끄러우니까 공부하기 힘들지?"
⑤ "식구들이 좀 더 조용히 하면 공부를 더 잘 할 수 있을 거 같단 말이지?"

 "이 좋은 일요일에 집구석에 처박혀 있으려니 미치겠네. 신경질 나."

① "날씨가 화창하니 집에 있기가 답답한 모양이구나?"
② "답답하겠지만 시험이 얼마 안 남았으니 조금만 더 참아라."
③ "입시 때문에 나가 놀려고 해도 불안하고 집에 있자니 답답하고… 오늘은 정말 짜증이 난 모양이구나."
④ "오늘 같은 날은 공부고 뭐고 다 그만두고 한번 신나게 놀고 싶기도 하겠지."
⑤ "왜 소리를 지르고 난리니? 시간 있을 때 공부나 하지."

"사무실에서 남자 직원들이 제가 커피를 타는 것이 당연하다고 생각하는 것 같아요."

① "여직원이라는 이유로 무시를 당하면 자존심이 상하지."
② "김 양이 여자라고 그런 일을 시키나 보군."
③ "좀 하면 안 되나?"
④ "남자 직원들과 동등하게 일하고 싶은데 그런 일을 시켰으니 속상하겠군."
⑤ "남자들이 심부름을 시키니 기분이 나빴겠어."

"며칠 전 철수와 말다툼을 해서 서로 말도 안 하고 지내요. 그 후로 먼저 말을 걸려고 해도 그게 잘 안 돼요."

① "철수랑 사이가 안 좋구나. 그래도 친구 문제는 자신이 알아서 해야 할 것 같은데…"
② "말다툼을 했지만 지나고 보니 후회되고 그 친구와 전처럼 친하게 지내고 싶은 생각이 드는구나."
③ "네 성격이 좀 까다로운 것 같구나. 그러니 친구가 있겠니?"
④ "철수와 다투고 나니 마음이 편치 않은 모양이구나."
⑤ "사소한 문제 때문에 말도 안하고 지내려니 마음이 편치 않고 말을 걸고 싶은데 막상 그게 잘 안 되는 모양이구나."

"내 실력으로는 A 대학에 가는 건 포기하겠어요. 에이, 그냥 B 대학이나 가죠. 그냥 속 편하게 생각하기로 했어요."

① "무슨 소리니? B 대학이 학교니? 거기를 가려면 아예 지금 관둬라."
② "자신이 없어 막상 A 대학을 포기하자니 속이 상하겠구나."
③ "네가 자신이 없는 모양이지만 아직 A 대학을 포기하기는 일러."
④ "A 대학을 가자니 자신이 없고 B 대학을 가자니 성에 안차고 그래서 갈등이구나."
⑤ "네가 A 대학을 가는 게 자신이 없는 모양이구나."

2 무조건적 긍정적 존중 'unconditioned positive regard'

무조건적 긍정적 존중이란 인간을 조건 없이 존중하고, 있는 그대로의 모습을 받아들이며, 감정, 사고, 행동 등에 대해 판단이나 평가를 하지 않는 태도를 말합니다. 이것은 '수용acceptance'이라고도 합니다. 다음은 이장호와 금명자(2014)가 무조건적 긍정적 존중을 연습할 때 기준을 마련하기 위해 제시한 5수준입니다.

❶ 수준1: 의사소통자의 언어와 행동 표현에서 상대방에 대한 존중이 명백히 결여되어 있거나 부정적 배려만이 있는 수준

❷ 수준2: 상대방의 감정, 경험 및 잠재력에 대해 거의 존중하지 않는 수준

❸ 수준3: 상대방의 감정, 경험 및 잠재력에 대해 기본적으로 긍정적인 존중과 관심을 전달하는 수준

❹ 수준4: 상대방에게 깊은 긍정적 존중과 관심을 표현하는 수준

❺ 수준5: 상대방에게 한 인간으로서의 가치와 자유인으로서의 잠재력에 대해 깊은 긍정적인 존중을 전달하는 수준

다음은 수용의 사례를 제시하였습니다. 각 사례마다 수용 수준에 해당하는 반응을 수준 1부터 수준 5까지 섞어서 제시하였습니다. 각 반응의 수용 수준이 어디에 해당하는지 알아봅시다(이장호 · 금명자, 2014).

"저 오늘 몸이 아파서 조퇴했어요. 좀 견뎌 보려고 했는데 참을 수가 없었어요."

① "아플 땐 쉬어야지. 건강해야 공부도 더 잘할 수 있지."
② "몸이 좀 아프다고 자꾸 조퇴를 하면 어떻게 하니?"
③ "또 조퇴냐? 공부하기 싫으니 별 핑계를 다 대는구나."
④ "몸이 아프면 힘들지. 그동안 공부하느라고 무리했지."
⑤ "그래 너니까 그만큼이나 참았지. 넌 웬만하면 조퇴를 하지 않는 아이지."

"애들이 참 얄미워요. 내신등급을 잘 따려고 야단들이예요. 친한 사이에도 노트도 안 빌려주고… 학교생활이 살벌하고 재미없어요."

① "넌 현실도 모르니? 정신 바짝 차려!"
② "친구들이 마음에 안 드는가 보구나. 그래도 넌 그런 아이들과 잘 어울려 지내는 편이야."
③ "이러쿵 저러쿵 남의 말 할 것 없어. 너나 잘해."
④ "경쟁이 심해서 학교생활이 삭막할거야. 그래도 넌 애들과 잘 지내려고 애를 쓰는구나."
⑤ "친구들과 지내기 힘들겠구나. 그래도 넌 용케도 잘 참고 지내는구나."

"부모님이 저한테 많은 기대를 하세요. 관심이 많고 잘 해주시니까 오히려 부담이 돼요."

① "너도 이제 고등학생이라는 것을 부모님이 모르고 계시는구나."
② "어떻게 그런 생각을 할 수 있니. 부모님 입장에서 생각해 봐라."
③ "부모님이 잘 해 줘도 불만이구나."
④ "부모님이 공연한 참견을 많이 해 무척 신경이 쓰이는구나."
⑤ "너 혼자서 훌륭하게 일을 할 수 있는데도 부모님이 일일이 간섭하려 하시는구나."

"저도 좋은 운동화 좀 신어 봤으면 좋겠어요. 다른 애들은 다 이름 있는 신발을 신고 있고, 또 좋은 신발을 신으면 훨씬 더 편하다고요."

① "운동을 잘하려면 좋은 운동화를 신어야 하겠구나."
② "지금 신고 있는 신발이 불편해서 그래?"
③ "좋은 운동화를 진작 사주어야 할 걸 그랬구나."
④ "좋은 운동화를 신으면 보기도 좋고 운동도 잘 할 수 있단 말이구나."
⑤ "듣기 싫어. 또 신발 타령이니?"

"저 이번 일요일에 친구들하고 극장에 가기로 했는데요. 괜찮겠죠? 영화가 아주 재미있대요."

① "네가 요새 갑갑한 모양이구나. 그동안 공부하느라고 애 많이 썼지."
② "학생이 극장에 가서 영화나 보면 뭐가 되겠니?"
③ "넌 생각이 있니 없니? 다음 주에 시험 본다면서 어째 그 모양이냐?"
④ "영화가 보고 싶은 모양이구나. 영화도 볼 수 있지만, 공부에 지장이 있으면 안 되지?"
⑤ "공부도 중요하지만 좋은 친구들과 어울려 바람을 쐬고 싶단 말이구나."

3 진정성

진정성이란 인간에 대해 진심으로 관심을 가지고 순수하고 투명하게 자신을 열고 대하려는 자세를 말합니다. 다음은 이장호와 금명자(2014)가 진정성 반응을 연습할 때 기준을 마련하기 위해 제시한 5수준입니다.

❶ 수준1: 자신이 느끼는 감정과는 무관한 표현을 하거나 부정적 인 것에만 진지한 반응을 하기 때문에 상대방에게 전체 적으로 파괴적인 영향을 주는 수준

❷ 수준2: 자신이 느끼는 감정과 거의 관계가 없는 표현을 하거나 상대방에 대한 진지성이 주로 부정적인 반응에 대해 나 타나는 수준

❸ 수준3: 말하고 느끼는 것 중에서 부정적인 단서를 보이지 않지 만 진지한 반응을 나타내는 긍정적인 단서를 제공하지 못하는 수준

❹ 수준4: 상대방에게 긍정적이든 부정적이든 진지한 반응을 나타 내며 긍정적인 반응 단서를 건설적인 방식으로 제시하는 수준

❺ 수준5: 상대방과 비타산적인 관계에서 자유롭고 깊게 자기 자신 의 모습이 되는 수준

다음은 진정성의 사례를 제시하였습니다. 각 사례마다 진정성의 수준에 해당하는 반응을 수준 1부터 수준 5까지 섞어서 제시하였습니다. 각 반응의 진정성의 수준이 어디에 해당하는지 알아봅시다(이장호·금명 자, 2014).

"선생님 기분이 안 좋은 것 같네요. 혹시 제가 뭐 잘못한 거라도 있나요?"

① "내 기분이 어떻든 네가 무슨 상관이냐?"
② "사실 네가 하는 일을 보면 신경이 쓰이지."
③ "별일 아니다. 네가 신경 쓸 필요 없어."
④ "네 태도가 좋아지기를 바라는 마음에 걱정이 되지."
⑤ "그럴만한 일이 있어서 그래."

 "엄마, 옷도 내 마음대로 못 입어요? 엄마는 구식이에요."

① "엄마가 다 알아서 해 주는데 뭘 그러니?"
② "그렇게 생각하다니 섭섭하구나."
③ "섭섭하긴 하지만 네 취향이 엄마랑 전혀 다르다는 것을 몰랐구나."
④ "엄마가 섭섭하더라도 네가 마음대로 사 입도록 할 걸 그랬구나."
⑤ "네가 뭘 안다고 그러니? 네가 옷 하나 제대로 고를 줄 알고 그러니?"

 "도대체 집이라고 마음에 드는 구석이 하나도 없어요."

① "네가 집에 정을 붙이지 못해 걱정이 되는구나."
② "네 마음에 드는 게 뭐 있니?"
③ "그래도 정을 붙이려고 애써야 되지 않겠니?"
④ "꼭 그렇게 말할 필요가 있니?"
⑤ "나에게 뭔가 말하고 싶은 게 있는 것 같은데, 그렇게 말하니 걱정이 되는구나."

"오늘 저녁은 영 먹을 것이 없어요. 도대체 뭘 먹으라는거죠?"

① "밥상 놓고 투정하면 안 되는거야."
② "그러잖아도 엄마가 미안한데 네가 그렇게 말하면 어떻게 되니?"
③ "주는 대로 먹어. 웬 잔소리가 많아."
④ "어떻게 엄마에게 그렇게 말할 수 있니?"
⑤ "엄마가 바빠서 그랬어. 가끔 이렇게 먹을 수도 있는 거야."

"엄마는 왜 우리들 일보다는 바깥일에 더 신경 쓰는 거예요?"

① "넌 버르장머리 없이 어른 하는 일까지 참견하려고 하니?"
② "너희들이 엄마의 사정을 좀 알아주면 얼마나 좋겠니?"
③ "너희들은 너희들 일만 잘하면 되는거야."
④ "엄마의 입장을 좀 이해해 줄 수 없겠니? 너희들이 불편한 걸 엄마가
　모르는 게 아니야."
⑤ "너희들에게 그런 말을 들으니 속이 상하는구나."

〈이장호·금명자(2014), 상담연습 교본, 법문사〉

3. 교류분석 이론

번Eric Berne의 교류분석 이론은 Q2, Q8, Q11, Q23, Q35에서 다루었습니다. 여기에서는 번이 바라보는 인간관에 대해 살펴보고, 스트로크의 개념과 종류에 대해 알아보고자 합니다. 그 다음 스트로크를 연습하고, 스트로킹 프로파일을 만들어 보고자 합니다.

★ 인간관

번은 인간의 본성을 긍정적으로 보았습니다. 그는 '인간은 모두 왕자와 공주로 태어났다'는 표현을 통해서 인간에 대한 긍정적 견해를 밝혔습니다. 그는 인간이 태어날 때는 왕자와 공주같이 귀중한 존재로 태어나지만, 얼마 되지 않아서 부모와 환경이 아이를 개구리와 같은 존재로 만든다고 하였습니다.

그러나 그는 교류분석transactional analysis을 학습하고 교류분석의 교훈을 자신의 삶에 적용한다면 자신의 고귀한 위치를 회복할 수 있는 잠재능력을 가지고 있다고 믿었습니다. 인간은 출생에서 성장에 이르는 과정을 통해 자신의 의지와는 상관없이 성격이나 행동 양식이 형성되지만, 과거에 한 자신의 결정을 이해하는 능력이 있으며, 나아가 그것을 재결단 할 수 있는 존재라는 것입니다. 이와 같이 교류분석에서는 반결정론적 철학에 뿌리를 두고 인간을 이해합니다.

✚ 교류분석이란 인간과 인간 사이의 교류를 분석하는 것으로서 모든 인간관계에 적용할 수 있는 성격이론이며 심리치료입니다.

★ 스트로크(인정자극)

스트로크는 사람과 사람 사이에 오고가는 자극을 말합니다. 이것을 'Stroke', 인정자극이라고 합니다. 사람은 언제나 스트로크를 주고받으며 이것을 필요로 하고 얻지 못할 때에는 박탈감을 느낍니다.

사람은 스킨십이나 몸짓, 눈빛, 표정, 감정, 언어 등 자신의 반응을 상대에게 알리는 존재 인지의 기본 단위로 스트로크를 사용합니다. '반갑습니다'라는 인사나 상대방을 흘겨보는 것이나 '이 바보 같은 자식'과 같은 꾸지람도 스트로크인데, 이 또한 상호교류이며 자극이고 동시에 스트로크의 교환이라고 할 수 있습니다. 밥을 먹는 것이 신체적 생존을 위한 에너지라면 스트로크는 심리적 성장을 위한 밑거름입니다.

★ 스트로크의 종류

1 언어적 스트로크와 신체적(비언어적) 스트로크

스트로크에는 말로 전달하는 언어적 스트로크와 행동으로 전달하는 신체적비언어적 스트로크가 있습니다. 언어적 스트로크는 '언어' 그 자체로 주어지는 자극이며 신체적 스트로크는 표정, 목소리, 제스처, 스킨십, 몸짓, 눈빛, 표정 등과 같이 언어 이외의 모든 자극을 의미합니다.

2 긍정적 스트로크와 부정적 스트로크

긍정적 스트로크는 스트로크를 받는 사람이 기쁨, 즐거움 등과 함께 긍정적 영향을 경험하는 것이며 부정적 스트로크는 슬픔, 고통, 분노 등과 함께 부정적 영향을 경험하는 것입니다. 반가운 태도로 인사를 하는 것은 긍정적 스트로크를 주고받은 것이며 마지못해 인사한 것은 부정적 스트로크를 주고받은 것입니다.

사람들은 언제나 긍정적 스트로크만 추구하고 부정적 스트로크는 회피할까요? 스트로크의 중요한 원칙 하나를 제시합니다. 긍정과 부정으로 스트로크를 나누기 이전에 어떤 종류의 스트로크라도 스트로크가 전혀 없는 것보다는 있는 것이 낫다는 것입니다. 우리가 흔히 '무관심이 가장 혹독한 벌이다'라고 하는 말과 일맥상통하는데 이것은 동물 연구에 의해 뒷받침 되었습니다. 'Q2'에서 이 동물 실험(상자 안의 생쥐 실험)에 대해 언급을 했습니다. 여기서는 다른 사례를 하나 더 말하겠습니다.

☺️ 스트로크가 없는 것보다는 부정적 스트로크라도 있는 것이 낫다

> 「엄마는 동생이 태어나는 바람에 정윤이에게 신경 쓸 여유가 없어졌다. 동생의 기저귀를 갈고 우유를 먹이고 목욕을 시키느라 이전처럼 정윤이에게 동화책을 읽어주거나 놀이터에 데려가는 시간이 줄어들었다. 어느 날 정윤이는 혼자서 놀다가 자던 동생의 발을 밟았고 동생이 자지러지게 우는 바람에 엄마에게 꾸지람을 듣고 크게 혼났다. 그 이후로 정윤이는 동생의 장난감을 빼앗거나 꼬집는 등 동생을 괴롭히는 행동을 반복했다.」
>
> 예문에서 정윤은 동생을 울렸을 때 엄마가 자신에게 관심(부정적인 꾸지람이라도)을 갖는다는 것을 알게 되었고 엄마의 관심을 유도하기 위해 의도적으로 동생을 괴롭히고 못살게 구는 행동을 한다. 이는 흔히 엄마가 맞벌이를 하거나 갑자기 동생이 태어나는 것과 같은 이유로 아이에게 장기간 신경을 제대로 쓰지 못할 때 떼를 쓰거나 말썽꾸러기가 되거나 갑자기 어린 동생의 흉내를 내거나 오줌을 싸는 현상과도 유사하다. 우리는 끊임없이 스트로크를 추구한다.
>
> 〈박의순(2014), TA상담의 이론과 실제, 가족연구소마음〉

③ 조건적 스트로크와 무조건적 스트로크

조건적 스트로크는 상대방이 무엇을 하는가와 관련이 있으며, 무조건적 스트로크는 상대방의 존재 자체와 관련이 있습니다. 조건적 스트로크는 '심부름을 해서', '청소를 잘해서', '성적이 올라서', '예뻐서' 등 특정 행위나 조건, 이유에 대해 자극이 오고가는 것입니다. 그러나 무조건적 스트로크는 상대방의 존재 자체에 대해 얘기하는 것으로 어떠한 조건이나 이유 없이 안아주거나 미소를 짓거나 '사랑한다'와 같이 말하는 것을 포함합니다.

스트로크의 유형과 사례 정리

스트로크 유형	긍정적 (상대방이 기분 좋음)	부정적 (상대방이 기분 나쁨)
언어적 (말에 의한)	오랜만입니다 반갑습니다 정말 예쁘네요	당장 나가! 짜증나 또 그럴래? (잔소리, 꾸중)
신체적 (접촉에 의한)	머리를 쓰다듬음/포옹 악수/미소 도와줘서 고맙다	인상을 찌푸림 때리거나 꼬집음 또 시험을 망쳤군
조건적 (행위나 태도에 대해)	좋은 일을 했구나 정말 용감했어 네 덕에 행복해	그따위로 말하다니 똑바로 앉지 못해? 공부 안 할래?
무조건적 (존재나 인격에 대해)	나는 네가 좋아 훌륭한 사람이군 (말없이) 꼭 껴안음 사랑해요	그만 헤어지자 꺼져버려 내일부턴 나오지 말게 정말 싫어

스트로크의 힘 '나를 안고 흔들어 주세요'

　　네 살짜리 로라의 몸무게는 겨우 11.8kg이었으며 보통 4세 아이의 평균 몸무게는 15kg 정도 병원에서는 몇 주일이나 코로 연결한 튜브를 통해 고칼로리 유동식을 쏟아 부었음에도 로라는 성장하지 않았다. 각종 검사를 하고 여러 전문의를 만난 끝에 식이장애 전문 상담가로 소개 받은 심리학자는 로라에게 '영아거식증infantile anorexia'을 진단하였고 아동정신과 의사인 페리박사가 로라를 상담하였다.

　　로라의 유일한 가족은 22살된 엄마 버지니아였다. 버지니아는 위탁가정을 전전하며 어린 시절을 보냈고 5살이 되어서야 겨우 한 위탁 가정에 정착하여 안정된 생활을 보내게 되었다. 18살이 될 무렵 위탁부모는 버지니아를 입양하기를 원했으나 비인도적인 아동복지정책으로 인해 무산되었고 버지니아는 진정한 의미의 부모를 잃게 되었다. 그 후 고등학교를 졸업하여 저임금 노동자로 일하던 버지니아는 임신하였는데 아이의 아버지는 도망쳤다. 하지만 그녀는 위탁부모의 가르침대로 아기를 낳아 기르기로 결심했다. 그러나 어린 시절 제대로 된 애착관계를 경험하지 못한 버지니아는 모성이 부족했다. 아기를 위해 먹이거나 씻기는 기본적인 일에 대해서는 알고 있었지만 신체적 접촉을 통해 사랑을 표현하는 방법에 대해서는 전혀 배운 적도 경험한 적도 없었다. 그래서 정서적 연결고리가 단절된 방식으로 아기를 양육하였다. 버지니아는 바닥에 아이를 누인 채 젖병을 받침대에 괴어 우유를 먹였고 안아주거나 얼러주거나 눈을 맞추는 등의 신체적 접촉은 거의 하지 않았다. 모든 포유동물의 성장에는 이러한 신체적, 감정적 자극이 꼭 필요하기 때문에 로라는 성장하지 않았고 멈추어 버렸다.

영아는 누군가가 먹여주고 안아주고 쓰다듬어주고 부드럽게 흔들어주는 것이 즐겁다는 것을 깨닫고 주의 깊게 양육되어 일관성 있는 보살핌을 받는다면 먹이거나 달래줌으로 얻는 즐거움과 위안을 사람의 관계와 연관시키게 된다. 그러므로 평범한 유아기를 보내면 돌봐주는 보호자와 친밀한 관계가 형성되고 그 관계에서 큰 행복을 얻는다. 즉, 아기의 건강이 증진되고 이후의 인간관계에서 즐거움을 느끼게 하려면 아기가 울 때마다 반복하여 적절하게 요구를 들어주어야 한다.

페리 박사는 버지니아가 로라를 마음으로 양육할 수 있는 방법을 배우게끔 티칭클리닉의 평가 방문 과정에서 만난 마마P의 집으로 모녀를 보냈다. 버지니아는 아낌없이 신체접촉을 하는 마마P를 보면서 로라에게 필한 것은 무엇이며 어떻게 제공해야 하는지 깨달았고 그녀의 유머감각과 따뜻한 성품, 언제 어디서든 기꺼이 행하는 포옹은 버지니아가 잃어버린 모성애를 부분적으로나마 되찾게 해 주었다. 버지니아는 아기가 배가 고픈지, 놀고 싶은지 졸린지를 잘 알아차리게 되었다. 마마P에게로 간 한 달 후에 로라의 몸무게는 병원에서와 정확하게 동일한 열량을 섭취했으면서도 4.5kg이나 늘었다. 로라는 드디어 성장하기 시작했고 버지니아는 좀 더 인내심과 일관성을 가지고 아이를 양육할 수 있게 되었다.

<황정하 역(2011), 개로 길러진 아이, 민음인>

★ 스트로크 연습

번은 스트로크가 인간의 건강한 성장에 반드시 필요한 것이라고 말합니다. 특히 긍정적 존중의 스트로크를 주는 것이 자녀의 성장에 좋은 영향을 줍니다. 여기서 자녀에게 긍정적 스트로크를 주기 위해 인정 자극을 찾아보고, 일상 생활에서의 스트로크 사용빈도를 알려주는 스트로킹 프로파일을 연습하도록 하겠습니다(박의순, 2014).

다음의 여러 가지 표현을 읽고 대화의 내용, 태도에 해당하는 인정자극을 찾아 O표 하시오. 표시가 두 개 이상 필요한 문장도 있습니다.

문항	긍정	부정	언어	신체	조건	무조건
1. 엄마는 주연이가 있어서 너무 행복해!	○			○		○
2. "안 돼! 또 망가뜨리면 어떡해!"라고 이야기하며 손을 찰싹 때린다.						
3. 이거…정말 너무 고마워!						
4. 들어볼 필요도 없어. 안 돼!						
5. "사랑해요"라고 말하며 바짝 붙어 앉는다.						
6. 심부름을 잘 해주었구나. 고맙다.						
7. 이제 회사는 그만둬 버려!						
8. 장난을 치다가 갑자기 얻어맞았다.						
9. "정말 귀여운 아이구나"라고 말하며 머리를 쓰다듬는다.						
10. 이렇게 예쁜 꽃을 주다니! 정말 고마워.						
11. 당장 나가주세요.						
12. 고향에 계신 어머니를 오랜만에 만나 와락 끌어안았다.						
13. "몇 번이나 말해야 알아듣겠니? 당장 공부하지 못해?"						
14. "죽여 버릴 거야!"라고 위협하면서 칼을 들이댄다.						

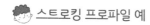 스트로킹 프로파일 예

긍정적 스트로크를 얼마나 주는가?	긍정적 스트로크를 얼마나 받는가?	긍정적 스트로크를 얼마나 청하는가?	긍정적 스트로크 주기를 얼마나 거부하는가?

항상				10
자주				
가끔				
거의 없음				
전혀 없음				1
주기	받기	청하기	주기 거부(자제)	
전혀 없음				-1
거의 없음				
가끔				
자주				
항상				-10

부정적 스트로크를 얼마나 주는가?	부정적 스트로크를 얼마나 받는가?	부정적 스트로크 받을 일을 얼마나 주는가?	부정적 스트로크 주기를 얼마나 자제하는가?

이 사람은 긍정적 스트로크를 많이 주지 않는 반면 부정적 스트로크는 많이 주는 편입니다. 남들로부터 긍정적 스트로크를 많이 받고 자주 청하며, 자신이 부정적인 스트로크를 받거나 부정적 스트로크를 받을 일을 별로 하지 않는다고 지각하고 있습니다. 타인이 원하는 긍정적 스트로크 주기를 거부하는 일이 잦고 부정적 스트로크 주기를 자제하는 일도 드뭅니다. 이런 사람을 대할 때 어떤 느낌이 들겠습니까?

★ 나의 스트로킹 프로파일 작성

지난 1주일 동안 일상 생활에서 자신의 모습을 떠올리며 스트로킹 프로파일을 만들어 보세요.

· 긍정적 스트로크를 얼마나 주는가? 무엇을 주었는가?
· 긍정적 스트로크를 얼마나 받는가? 무엇을 받았는가?
· 긍정적 스트로크를 얼마나 청하는가? 어떤 것을 청하는가?
· 긍정적 스트로크를 주기를 얼마나 거부하는가? 어떤 것을 거부하는가?
· 부정적 스트로크를 얼마나 주는가? 무엇을 주었는가?
· 부정적 스트로크를 얼마나 받는가? 무엇을 받았는가?
· 부정적 스트로크 받을 일을 얼마나 하는가? 어떤 행동을 하는가?
· 부정적 스트로크 주기를 얼마나 자제하는가? 어떤 것을 자제하는가?

	긍정적 스트로크를 얼마나 주는가?	긍정적 스트로크를 얼마나 받는가?	긍정적 스트로크를 얼마나 청하는가?	긍정적 스트로크 주기를 얼마나 거부하는가?	
항상					10
자주					
가끔					
거의 없음					
전혀 없음					1
	주기	받기	청하기	주기 거부(자제)	
전혀 없음					-1
거의 없음					
가끔					
자주					
항상					-10
	부정적 스트로크를 얼마나 주는가?	부정적 스트로크를 얼마나 받는가?	부정적 스트로크 받을 일을 얼마나 주는가?	부정적 스트로크 주기를 얼마나 자제하는가?	

· 자신의 스트로킹 프로파일을 변화시키고 싶다면 더 높이고 싶은 기능을 향상시킬 수 있는 행동을 다섯 가지 이상 써보세요.
· 한 주 동안 행동을 실천에 옮겨보세요.
· 예를 들어, 타인에게 긍정적 스트로크를 더 많이 주기로 했다면, 가족과 친구에게 진정으로 해줄 수 있는 칭찬을 씁니다. 한 주 동안 이러한 칭찬을 실제로 합니다.

〈박의순(2014), TA 상담의 이론과 실제, 가족연구소마음〉

★ 인생각본

인생각본은 인간의 무의식적인 인생계획이라고 하며, 이것은 어린 시절에 작성되는데 부모에 의해 강화되고 후속 사건에 의해 정당화되어 결국 삶의 방향으로 선택되는 인생계획이라고 정의합니다. 인생각본은 어린 시절에 부모의 영향하에 발달하며 현재에도 진행 중이고 인생의 가장 중요한 국면에서 어떻게 행동해야 할지 결정합니다.

인생각본은 부모에 의해 강화되기 때문에 부모의 역할이 매우 중요합니다. 부모의 강요나 강압에 의해 아이의 각본이 결정되지 않지만 각본 결정에 많은 영향력을 미치는 것은 사실입니다. 부모는 자녀가 어린 시절부터 자신이나 타인, 세계에 대해 결론을 내리는 데 기본이 되는 다양한 메시지들을 제공합니다. 이러한 것들을 '각본메시지script message'라고 하며 각본메시지에는 언어적인 것, 비언어적인 것이 모두 포함되고 각본의 핵심을 결정하는 틀로 작용합니다.

현재 자기 자신이 어떤 각본을 가지고 있는지 각본 체크리스트를 통해서 확인해 보는 시간을 가져보겠습니다(박의순, 2014).

😊 각본 체크리스트

각본지령·대항각본

1. 당신의 어머니는 어떤 사람입니까? 어머니의 성격을 간단히 기술하세요.
2. 당신의 아버지는 어떤 사람입니까? 아버지의 성격을 간단히 기술하세요.

각본지령·대항각본·기본적 태도

3. 어머니는 당신을 자주 칭찬했습니까? 어떤 방식으로 칭찬하셨나요?
4. 어머니가 당신을 비난하거나 비판한 적이 있습니까? 어떤 것을 말했습니까?
5. 어머니의 가정교육 방침은 어떤 것이었나요?
6. 아버지는 당신을 자주 칭찬했습니까? 어떤 방식으로 칭찬하셨나요?
7. 아버지가 당신을 비난하거나 비판한 적이 있습니까? 어떤 것을 말했습니까?
8. 아버지의 가정교육 방침은 어떤 것이었나요?
9. 부모님이 준 벌 중 가벼운 것은 어떤 것이었습니까?
10. 부모님이 준 벌 중 무거운 것은 어떤 것이었습니까?
11. 어떤 벌을 가장 보편적으로 주었습니까?
12. 인생이나 생활에 대해서 어머니는 당신에게 어떤 것을 주로 말했습니까?(좌우명, 교훈 등)
13. 인생이나 생활에 대해 아버지는 당신에게 어떤 것을 주로 말했습니까?
14. 10세가 되기까지 당신의 집에는 누가 동거하고 있었습니까?(조모, 외삼촌, 이모 등) 그 사람은 어떤 사람이었습니까?
15. 어머니는 당신에 대해 어떻게 말했습니까?
16. 아버지는 당신에 대해 어떻게 말했습니까?
17. 당신은 어머니가 바라는 것에 가까운 생활방식으로 살고 있습니까? 아니면 아버지가 바라는 것과 가까운 생활방식으로 살고 있습니까? 어느 쪽인가요?
18. 당신은 어떤 사람입니까? 자신의 성격에 대해 기술하세요.
19. 자신의 어떤 점이 가장 좋습니까?
20. 자신에 대해 싫은 점이 있습니까?

기본적 태도

21. 당신에게 어떤 별명이 있었습니까? 거기에는 어떤 의미가 있었나요?
22. 어린 시절에 당신의 주변 어른들로부터 어떤 말을 들었습니까?
    (착한 아이, 순둥이, 장난꾸러기 등)
23. 자신에게 어딘가 이상한 부분이 있다고 생각한 적이 있습니까? 혹
    은 그런 상태가 될지도 모른다고 느낀 적이 있나요?
24. 만약 누군가가 당신과 의견을 달리하는 경우 철저하게 논의합니까?
    혹은 타협하거나 자신의 의견을 굽히거나 합니까?
25. 자신을 '기를 펴지 못하는 사람'이라고 생각하나요? 특별한 목적이 없
    는 인생을 보내고 있습니까?
26. 이전에 자살하려고 한 적이 있습니까? 언제인가요?
27. 누군가의 죽음을 원한 적이 있습니까? 그것은 언제입니까?

주요한 감정

28. 당신의 어머니는 어떤 이유로 기분이 상했을 때 어떠한 방식으로 그것을 표현했습니까?

29. 어머니의 기분이 상했을 때 당신은 어머니를 도우려고 했습니까? 무엇을 했습니까?

30. 당신의 아버지는 어떤 이유로 기분이 상했을 때 어떠한 방식으로 그것을 표현했습니까?

31. 아버지의 기분이 상했을 때 당신은 아버지를 도우려고 했습니까? 무엇을 했습니까?

32. 당신은 어린 시절에 어떤 종류의 감정, 생각, 태도를 표현하는 것을 금지 당했습니까? 그것은 어떤 것이었습니까?(분노, 다른 사람에 대한 험담, 성적 농담 등)

33. 당신에게 신체적 증상(신체화)이 나타난 적이 있습니까? 그것은 어떤 증상입니까?

34. 기분이 상하거나 불쾌한 눈빛을 주고받았을 때 당신은 어떤 감정에 사로잡혔습니까?(안절부절, 분노, 우울, 공포, 체념 등)

35. 그런 기분을 처음으로 느꼈던 시기를 생각해보십시오.

36. 어떤 상황에서 그러한 '싫은 기분'을 가장 잘 느낄 수 있었나요?

인생에 대한 결론

37. 인생에 대해 당신 나름대로의 확신이나 신념이 있습니까?
38. 20세 전에 인생에 대해 어떤 생각을 가지고 있었습니까?
39. 초등학생 시절에는 인생을 어떤 식으로 생각했습니까?
40. 초등학교에 들어가기 전 인생을 어떤 식으로 생각했습니까?
41. 어린 시절에 어떠한 이야기(동화, 전설)를 좋아했습니까?
42. 특히 그 이야기의 어떤 부분이 좋았습니까? 어떤 인물이 좋았습니까?
43. 지금까지의 생활방식을 계속하기로 한다면 당신은 지금부터 5년 후에 어떻게 되어 있으리라 생각합니까?
44. 지금까지의 생활방식을 지속한다면 10년 후에는 어떻게 되어 있으리라고 생각합니까?
45. 당신은 몇 살에 죽을 것이라고 생각합니까? 또 어떤 방식으로 죽을 것이라고 생각합니까?
46. 만약 자신의 묘비에 무엇인가 기록한다면 무엇을 쓰고 싶습니까?(묘비명)
47. 다른 사람들이 당신의 묘비를 새긴다면 당신의 묘비에 무엇이라고 쓸까요?
48. 당신은 어린 시절에 커서 무엇이 되고 싶다고 생각했습니까?

새로운 인생의 준비

49. 어머니가 지금과 같은 분이 아니었다면, 지금의 나는 달라져 있을 것이라고 생각합니까?

50. 아버지가 지금과 같은 분이 아니었다면, 지금의 나는 달라져 있을 것이라고 생각합니까?

51. 만약 어떤 마법으로 자신을 바꿀 수 있다면 당신은 무엇을 바꾸고 싶습니까?

52. 인생에서 가장 갖고 싶은 것은 무엇입니까?

53. 당신으로서 가장 큰 문제는 무엇입니까?

54. 당신에게 이상적인 삶이라는 것은 어떤 것입니까?

55. 당신은 자신의 무엇을 바꾸려고 생각합니까?

56. 그것을 위해 무엇을 할 예정입니까?

57. 만약 당신이 바뀐 경우 어떤 식으로 이전의 부적응에 빠지는 것을 막을 수 있겠습니까?

58. 당신이 확실히 바뀐 경우 당신이나 가족, 주변 사람들은 무엇으로 변화된 것을 판단할 수 있을까요? 당신의 변화된 모습을 구체적으로 말해보세요.

〈박의순(2013), TA 상담의 이론과 실제Ⅱ, 가족연구소마음〉

4. 현실주의 이론

글래써William Glasser의 현실주의 이론은 Q6, Q9, Q41에서 마음의 병을 신체로 표현한 것을 말씀드리며 다루었습니다. 여기서는 글래써가 바라본 인간관과 주요개념을 살펴보고자 합니다. 그 다음 자신에게 옳은 선택을 하기 위해 'WDEP'를 연습하고자 합니다.

★ 인간관

글래써는 인간은 외부의 어떤 힘에 의해 동기화되는 공백 상태로 태어나지 않는다고 합니다. 우리는 다섯 가지 유전적 욕구—생존, 사랑과 소속, 힘, 자유, 재미—를 가지고 태어납니다.

글래써는 우리는 태어나서 죽을 때까지 행동하며, 우리의 행동은 내적 동기와 선택의 결과라는 사실을 강조합니다. 모든 행동은 욕구를 만족시키기 위한 최선의 시도입니다. 행동은 내부에서 유발되므로 우리는 우리의 운명을 스스로 선택하는 것입니다.

★ 전행동

전행동total behavior, 즉 분리될 수는 없지만 구별되는 네 개의 구성요소활동하기, 생각하기, 느끼기, 신체반응하기로 이루어지고 행위와 사고와 감정을 동반합니다. 글래써는 전행동을 자동차에 비유했습니다. 엔진이 기본적 욕구이고, 핸들은 바람want으로서 가고자 하는 세상에 대한 방향성으로 말했습니다. 자동차의 앞바퀴는 행동하기와 생각하기이고, 자동차의 뒷바퀴는 느끼기와 생리적 반응하기로 비유했습니다. 이때 뒷바퀴는 앞바퀴를 따라갑니다. 뒷바퀴가 독자적으로 혹은 직접적으로 방향을 잡지 못하는 것처럼 느끼기와 신체반응하기도 직접 선택할 수는 없습니다.

글래써는 '우울해진', '머리 아픈', '화가 난', '불안해진' 등의 표현은 수동적인 표현이며 또한 개인적인 책임 능력을 부정하는 표현으로 적절하지 못한 표현이라고 주장합니다. 이런 것들은 전행동의 일부이며, 우울 행동을 하는, 두통 행동을 하고 있는, 화내는 행동을 하고 있는, 불안 행동을 하고 있는 등으로 표현하는 것이 더 적절하다고 봅니다. 사람들이 '고통 행동을 하는' 이유는 그것이 당시에 생각할 수 있는 최선의 행동이며, 이러한 행동이 원하는 것을 가져다주는 경우도 있기 때문이라고 봅니다.

글래써는 고통을 선택하는 세 가지 이유를 제시했습니다. 첫째, 좌절된 관계에 처해 있을 경우, 일반적으로 분노를 선택합니다. 분노 행동은 다른 사람을 다치게 하기 쉽습니다. 우울 행동이나 기타 선택 증상은 우리를 고착시키거나 분노를 억제하도록 할 수 있습니다.

둘째, 우울 행동은 구걸하지 않고도 사람들로부터 도움을 받을 수 있는 매우 일반적인 방법입니다. 우리가 괴로워하면, 사람들은 우리에게 다가옵니다. 구걸하지 않아도 된다는 것은 우리의 힘에 대한 욕구를 만족시킵니다. 우울 행동은 사람들의 관심을 끄는 가장 완벽한 방법입니다.

셋째, 우울 행동이나 흔히 정신적 질환이라고 하는 것은 우리로 하여금 하기 싫어하는 것을 회피할 수 있도록 합니다. 예를 들어, 좋은 직장을 잃으면 금방 우울해집니다. 이때 친구가 "머뭇거리지 마. 다시 시작하는 거야. 시간이 갈수록 직장 얻기가 더 힘들어질 거야."라고 말할 것입니다. "네 말이 맞아. 그러나 그렇게 하기에는 난 지금 너무 우울해. 다음 주에나 할 수 있을거야."라고 대답할 수 있습니다. 좋은 직장을 얻지 못할 것을 두려워하고, 더 이상 거절당하고 싶지 않고, 또한 우울해하기를 선택하는 것이 난관을 피할 수 있도록 해 주기 때문에 우울해하는 행동을 선택하는 것입니다.

★ WDEP

WDEP 질문을 통해 현재 자기 자신의 욕구를 알고 그에 맞는 행동을 선택하는 연습을 하도록 하겠습니다.

1 욕구 탐색(Want)
무엇을 원하는지 알아보는 질문들로 다음과 같은 것이 있습니다.
- "당신이 되고 싶었던 사람이 되었다면, 당신은 어떤 사람이 되어 있겠습니까?"
- "당신과 가족들이 원하는 것이 다 이루어져 있다면, 지금 당신의

가정은 어떤 모습일 것 같습니까?"
- "당신이 원하는 방식대로 살고 있다면, 당신은 지금 무슨 행동을 하고 있겠습니까?"
- "진정으로 당신의 삶을 변화시키기를 원합니까?"
- "원하는 마음은 크지만 삶에서 얻을 수 없는 것으로 보이는 것은 무엇입니까?"
- "당신이 원하는 변화를 막고 있는 것은 무엇이라고 생각합니까?"

2 현재 행동 파악(Doing)

자신이 어디로 가고 있는가를 탐색하도록 도와주는 질문들로 다음과 같은 것이 있습니다.
- "현재 무엇을 하고 있습니까?"
- "현재 문제에 어떻게 접근하고 있습니까?"

3 평가하기(Evaluating)

스스로 자신의 행동을 평가하여 효과적인 선택을 하도록 돕는 질문들로 다음과 같은 것이 있습니다.
- "당신이 하는 행동은 당신에게 도움이 됩니까? 아니면 해가 됩니까?"
- "당신이 지금 하고 있는 행동이 당신이 하고자 하는 행동입니까?"
- "당신이 하고 있는 행동과 당신의 신념이 서로 일치합니까?"
- "당신이 원하는 것은 현실적이며 달성할 수 있는 것입니까?"

❹ 계획하기(Planning)

계획을 세우고 실천하는 과정을 통해 자신의 생활을 효과적으로 통제하고 선택할 수 있습니다. 효과적인 계획을 수립할 때 고려해야 할 사항(Wubbolding, 1991)은 다음과 같습니다.

① 계획은 단순해야 합니다(Simple).
② 계획은 이룰 수 있는 것이어야 합니다(Attainable).
③ 계획은 측정할 수 있어야 합니다(Measurable).
④ 계획은 즉각적이어야 합니다(Immediate).
⑤ 계획은 계획자에 의해 통제되어야 합니다(Controlled).
⑥ 계획은 일관성이 있어야 합니다(Consistent).
⑦ 계획은 이행하겠다는 약속이 있어야 합니다(Committed).

5. 행동주의 이론

행동주의 이론으로 설명했던 부분은 Q44, Q48에서 지진에 대한 불안, 반려견과의 이별에 대해 말씀드리며 다루었습니다. 여기서는 행동주의 이론이 바라보는 인간관을 살펴보고, 문제 행동을 수정할 때 사용하는 기법 중의 하나인 불안 감소 훈련 연습을 하고자 합니다.

★ 인간관

행동주의에서는 연구대상은 객관적인 것이어야 하고, 눈으로 관찰할 수 없는 인간의 사고보다는 관찰할 수 있는 인간의 행동만이 객관적인 대상이며, 인간의 행동을 과학적인 방법으로 설명하려고 했습니다. 기본적으로 인간의 본성을 선하지도 악하지도 않은 중립적인 것으로 보며, 인간은 원천적으로 외부의 자극이나 영향에 수동적으로 반응하는 존재로 보았습니다. 인간의 행동은 학습되기 때문에 어떤 행동이든 없앨 수 있고, 그 자리에 새로운 행동이 학습될 수 있다고 생각합니다. 따라서 행동주의에서는 재교육과 재학습 과정을 중요하게 생각합니다.

부정적인 불안 예측을 찾아내어 불안을 감소하는 훈련을 연습하도록 하겠습니다.

1. 며칠 동안 내가 느끼기에 나의 삶의 규칙이 깨어질 것 같다고 생각되는 상황
   (불안이 느껴지는 상황)이나 확실히 깨어졌다고 생각되는 상황을 떠올려봅니다.
2. 각 과정별로 떠오르는 경험이나 반응을 씁니다.
3. 가능한 상세하게 불안한 예측에 대해 씁니다. 얼마나 불안한지, 자신을 어떻게 비
   판하는지, 기분이 어떤지 등.
4. 가능한 사건이 일어나 직 후 자세히 기억할 수 있을 때 관찰된 것을 기록합니다.
5. 다른 상황에서도 이 과정을 반복합니다.
6. 이 과정을 통해 어떻게 나의 불안이 지속되고 있는지 확인합니다.

불안예측과 예방 행동 기록지 예시

언제 (날짜/ 시간)	상황: 나를 불안하게 만든 상황은? (언제, 어디서, 누구, 무엇을, 어떻게)	기분/ 신체반응: 0~100 점수 주기	불안예측: 불안하기 시작했을 때 내 마음 속에 떠오른 것은 무엇인가?	주의노력/행동: 불안예측을 피하기 위해 나는 무엇을 하였나?
0000년 00월 00일 오후3시	친구와 함께 쇼핑을 갔는데, 친구가 지갑을 집에 놓고 왔다고 돈을 빌려 달라고 함. 돈을 빌려주는 대신 나의 신용카드로 20만 원을 결제하였음. 카드 결제일이 다가오는데 친구가 아직도 돈을 갚지 않음.	불안(90) 예민(80) 화남(70) 걱정(90)	– 만약 내가 돈을 달라고 하면 친구는 나를 치사하다고 생각할 것이다(95). – 만약 내가 돈을 갚으라고 하면 친구관계는 영원히 끝나버릴지도 모른다(90). – 나도 돈이 없는데 카드 빚을 갚지 못해 신용불량이 될까봐 걱정이다(70).	– 친구를 가능한 만나지 않고 회피 – 만약에 내가 돈을 갚으라고 친구에게 말한다면: 사과하듯 말할 것이다. – 돈은 별로 중요하지 않다는 식으로 말할 것이다. – 가능한 만나서 하지 않고 전화로 말한다.

불안예측과 예방 행동 기록지

언제 (날짜/ 시간)	상황: 나를 불안하게 만든 상황은? (언제, 어디서, 누구, 무엇을, 어떻게)	기분/ 신체반응: 0-100 점수 주기	불안예측: 불안하기 시작했을 때 내 마음 속에 떠오른 것은 무엇인가?	주의노력/행동: 불안예측을 피하기 위해 나는 무엇을 하였나?

〈Adler Korea, 2012〉

도움이 안 되는 부정적인 예측의 결과

❶ 도전이 되는 상황을 가능한 피함으로써 불안한 예측이 맞는지 아닌지 확인할 기회를 가지지 못하게 된다. 실제로 해 보면 우리가 예측했던 것보다 더 잘 할 수 있었을지도 모른다.

❷ 불필요한 조치를 취하게 됨으로써 두려움이 실제적인 것인가를 확인할 기회를 가지지 못하게 된다. 대신 성공하게 되더라도 내가 취한 사전의 조치 때문이었다고 생각하게 된다.

❸ 목표에 조금이라도 방해가 되는 아주 작은 일에도 지나치게 신경을 쓰게 됨으로써 일을 진행하면서 부딪히게 되는 어려움을 스스로의 무능함이나 무가치의 증거로 받아들이게 된다.

❹ 성공했다고 하더라도 이는 부정적인 자아상과 일치하여 성공을 평가절하하고 이를 통해 부정적인 자아상을 더욱 강화시키고 유지시키게 된다.

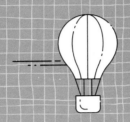

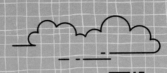

/ 빛나는 에듀케이션 /

부모·자녀를 위한 작은 상담 이야기

셋,

라디오를 듣고
공감하는 말

★ 상담에 대한 생각이 바뀌었어요.

아이를 키우는 데는 정답이 없습니다. 그래서 매번 어렵고 당황스러움을 겪기도 합니다. 가끔 누군가가 정답을 알려준다면 참 좋을 텐데라는 생각을 하게 되지만 생각에 그치고 마는 경우도 많습니다.

내 아이를 가장 잘 아는 것은 나라는 자만심으로 혹은, 상담을 받는 것은 아이에게 엄청난 문제가 있다는 것을 인정해버리는 것 같은 두려움에 쉽게 전문가를 찾아나서지 못하기도 합니다.

하지만 라디오 프로그램을 통해서 접하게 된 선생님의 상담을 듣다 보면 내 아이의 문제를 들고 만난 전문가는 아니더라도 아이를 키우는 과정에서 맞닥뜨릴 수 있는 비슷한 사례들에 대한 쉬운 설명으로 많은 도움을 받게 됩니다.

물건에 대한 집착을 드러내는 아이, 일상생활에서 스스럼없이 거짓말을 하는 아이의 사례 등은 정도의 차이는 있을 수 있지만 자녀 양육 과정에서 겪을 수 있는 이야기들입니다. 내 아이의 문제 행동에 당황하게 되고 그 원인을 알 수 없어 바른 해결 과정에 대한 답을 찾지 못할 때도 있습니다.

저출산 시대에 한 두명의 아이를 키우며 최상급 자녀양육을 위해 노력하고 있는 부모들에게 아이의 문제 행동은 여러 가지 생각을 갖게 합니다. 스스로의 양육 방법을 돌아볼 수 있는 계기가 되기도 하지만, 자존심을 앞세운 고집스러움으로 애써 아이의 문제에 의미를 두지 않고 외면하려고 하기도 합니다. 아이를 마치 자신이 만들어낸 작품으로 여기는 경우는 내가 곧 아이라는 생각으로 아이의 문제행동을 필요 이상의 예민함과 때로는 외면으로 대하게 되고 결국 더 큰 문제로 키우게 되기도 합니다.

아이의 문제 행동을 겉으로 드러난 면만 보고 파악하는 것이 아니라 아이가 문제 행동을 하게 된 근본적인 원인에 대한 파악이 문제행동을 고칠 수 있는 열쇠라는 답을 찾은 듯 합니다.

선생님의 라디오 상담은 넘기 힘들 것 같던 상담실에 대한 문턱을 낮춰주신 느낌입니다. 소위 비행청소년이라는 심각한 타이틀 정도는 지녀야 상담을 받는다라는 편견을 깨고 자녀 양육에 난관을 만났을 때 주변의 전문가의 도움을 받으면 아이에게도 부모에게도 위기를 쉽게 극복할 수 있을 것이라는 생각을 갖게 되었습니다.

〈닉네임: 현진맘〉

★ 자녀를 질투했었어요.

짙은 어둠은 소리 없이 아스팔트길을 덮어오고 운전대에 분주함을 얹은 채 퇴근을 재촉하는 11월의 금요일 저녁의 라디오 프로그램을 듣고 있다.

벌써 1년을 넘게 고정 팬이 되었다. 금요일이 오면 남들처럼 '불타는 금요일'을 즐기기보다 라디오 시간을 지키느라 시계를 연신 보게 된다. 21년차 워킹 맘!!

두 딸들은 훌쩍 컸지만, 언제까지 나에게는 어린 자녀일 거라는 생각들로 살았었다. 그게 자식을 사랑하는 거라고 믿기도 했었다. 지난 어린 시절 친정어머니에게서 받지 못했던 관심과 사랑을 내 아이들에게 재현해보며 마치 그 사랑을 느끼는 것처럼 느껴보려 했고, 내 자녀들에게 심한 질투를 하고 있기도 했다. 이런 것들이 어린아이의 마법과 같은 마음이란 걸 나중에 알았다.

그러나 요즘, 금요일 저녁 조언을 들으면서 나는 이제 내 자녀들을 나로부터 독립시킬 자신이 생겼다. 선생님의 말처럼 "우리는 어른입니다. 우리가 우리 자녀들과 싸울 일이 있을까요? 자녀와 싸워서 이겨야 할까요? 그러면 행복할까요? 자녀들과 함께 이야기를 나누고 자녀들이 무엇을 원하고 필요로 하는지 보살피고 안내해 주는 사랑을 해야 합니다." 맞다. 자녀 사랑은 사람을 성숙하게 독립시켜주는 것 같다. 성숙한 독립을 통해 나는 나를 만날 기회를 얻었다.

〈닉네임: 21년차 워킹 맘〉

★ 나는 학부모? 아니 부모!

퇴근길 삭막하고 분주한 도로 위에서 카오디오를 통해 들려오는 음악소리를 들으며 하루를 정리해 본다. 빛나는 에듀케이션 선생님과 진행자와의 대화를 듣다보니 어느새 지하주차장. 시동을 켜둔 채 라디오 부스에 함께 있는 듯 청취한다. 사교육의 문제점과 이로 인한 아이들의 행복지수 등 요즘 교육제도에 대한 이야기다. 이론과 실제, 이성과 감성의 차이라 할까? 여전히 나에게 되묻곤 하는 문제. '나는 학부모인가, 부모인가' 부모가 중심을 잡고 흔들림없어야 하나 옆집엄마, 뒷집아이를 비교함으로 오는 불안감은… 스피커를 통해 들려오는 두 분의 대화 속에서 다시금 되새김한다. '교육은 성공한 사람이 아니라 행복한 사람을 만드는 것이다.'라는 점을….

〈닉네임: 엄마의 생각을 키우는 아들을 둔 태혁 맘〉

★ 돌아보게 된 나의 장점

빛나는 에듀케이션의 사연을 듣다보면 간혹 나의 얘기 같기도 하다. 불면증을 겪고 있다는 대학생의 사연을 들은 적이 있는데 심한 것은 아니지만 평소 수면에 문제가 있던 나라서 더욱 솔깃했던 것 같다. 미래에 대한 불안함과 막연함이 대부분의 20대를 억누르고 있고 나 역시도 이러한 것이 수면장애로까지 이어지는 건 아닐까 하는 생각도 들었다. 또한 선생님의 말씀을 듣고 불안한 감정 때문에 나의 장점보다는 부정적인 나의 모습으로 나날을 보냈던 건 아닐까 하며 나를 되돌아보기도 했다. 이렇듯 빛나는 에듀케이션을 통해 잠깐이나마 나를 성찰하게 되었고 들려주시는 조언에 큰 위안을 얻은 것 같다.

〈닉네임: wldms2485〉

★ 아이를 더 많이 이해하게 되었습니다

저는 중학교 1학년 딸아이를 둔 엄마입니다. 요즘 한참 사춘기가 왔는지 눈도 잘 안 마주치고 대답도 단답형, 말하기도 무섭네요. 아이를 이해하려고 노력한다고 하는데 왜 자꾸 다른 방향으로 가는 걸까? 고민이 많았었는데 선생님의 방송을 들으면서 조금씩 아이를 이해하는 폭이 넓어지는 것 같았어요. 특히 자전거 관련 방송이었는데 아이가 무엇인가에 집착을 한다는 건 그것을 꼭! 가지고 싶은 것도 있지만 아이 자신에게 자신감이 없어서 그럴 수도 있다는 말을 듣고 그럴 수도 있겠구나 하는 생각에 아이를 다시 한번 돌아보고 저도 다시 한번 돌아볼 수 있는 계기가 되었습니다.

〈닉네임: 주현맘〉

저자소개

김복미

좋은 삶이란 무엇인지, 좋은 삶을 위해 교육과 상담은 무엇을 해야 하는지 우리가 사는 세상이 더 좋아지려면 어떻게 해야 하는지 질문하고, 대답하고, 행동하며 살고 있다. 이 책은 그 질문과 대답의 일부분에 대한 기록이다.

현재는 교수법 소모임 연구회 「아강스(아름다운 강의를 위한 스터디)」를 통해 좋은 교수자와 새로운 교수법 개발을 위한 연구에 에너지를 쏟고 있으며, 소년원에 있는 아이들을 위한 좋은 멘토가 되는 일에도 에너지를 쓰고 있다. 충북대학교 교육학과에서 교육심리 및 상담 전공으로 박사학위를 받았으며, 교육상담연구소 삼덕과 에듀힐링센터에서 상담을 하고 있다. 충북대학교, 한국교원대학교, 서원대학교에서 교사가 되기 위해 노력하고 있는 학생들에게 생활지도와 상담을 가르치고 있다.

빛나는 에듀케이션

초판1쇄 발행	2018년 1월 1일
초판2쇄 발행	2018년 9월 1일

지은이	김복미
펴낸이	안상준

편 집	문선미
기획/마케팅	김한유
표지디자인	조아라
제 작	우인도 · 고철민

펴낸곳	(주) 피와이메이트
	서울특별시 마포구 월드컵북로 400, 5층 2호(상암동, 문화콘텐츠센터)
	등록 2014.2.12. 제2015-000165호
전 화	02)733-6771
f a x	02)736-4818
e-mail	pys@pybook.co.kr
homepage	www.pybook.co.kr
ISBN	979-11-88040-31-5 03370

copyright©김복미, 2018, Printed in Korea

정 가 15,000원